# 古代歷史文化研究輯刊

## 二十編

王明蓀 主編

# 第 **13** 冊

## 美德關係在中國（1894～1901）（下）

袁正邦 著

國家圖書館出版品預行編目資料

美德關係在中國，1894～1901（下）／袁正邦 著— 初版 —
新北市：花木蘭文化事業有限公司，2018〔民107〕
目 4+144 面；19×26 公分
（古代歷史文化研究輯刊 二十編；第 13 冊）
ISBN 978-986-485-545-2（精裝）
1. 外交史 2. 晚清史
618                                        107011990

ISBN-978-986-485-545-2

9 789864 855452

古代歷史文化研究輯刊
二十編　第十三冊　　　　　　ISBN：978-986-485-545-2

# 美德關係在中國（1894 ～ 1901）（下）

作　　者　袁正邦
主　　編　王明蓀
總 編 輯　杜潔祥
副總編輯　楊嘉樂
編　　輯　許郁翎、王筑　美術編輯　陳逸婷
出　　版　花木蘭文化事業有限公司
發 行 人　高小娟
聯絡地址　235 新北市中和區中安街七二號十三樓
　　　　　電話：02-2923-1455／傳眞：02-2923-1452
網　　址　http://www.huamulan.tw 信箱 hml810518@gmail.com
印　　刷　普羅文化出版廣告事業
初　　版　2018 年 9 月
全書字數　329190 字
定　　價　二十編 25 冊（精裝）台幣 66,000 元　　版權所有・請勿翻印

# 美德關係在中國（1894～1901）（下）

袁正邦 著

# 目

# 次

# 第五章　德國在山東與美國的遭遇

## 第一節　美德關係，1896～1899

1896（光緒 22 年）至 1899（光緒 25 年）年之間，美國與德國的整體雙邊關係，有下列發展：

### 一、經濟方面

1896 年（光緒 22 年），美德的商業關係持續惡化。德皇威廉二世在訪問俄國後，就呼籲歐洲國家，不管有沒有英國，歐洲都應該團結起來組成保護關稅同盟，以對抗麥金萊和美國。[註1] 而 1897 年（光緒 23 年）10 月，他又在德國的威斯巴登會晤俄國沙皇尼古拉二世，提出一份備忘錄，再度要求歐洲國家團結，實施保護關稅打擊美國，但是因爲俄國主要是農產輸出國，深怕自己先吃虧，並不同意德皇的要求。[註2] 而這也正是整個歐洲的情形，各個國家利害關係不同，無法整合對抗美國。但是此時德皇的態度，代表德國官方的對美政策已經由原本表面的友好有所改變了。

德皇的言論，觸怒了美國輿論界，至於官方則保持低調以對。但是無巧不巧地，就在 1897 年（光緒 23 年），來自美國緬因州的議員丁格萊（Nelson Dingley，1832～1899），[註3] 認爲美國現行關稅太低，需要調整才能保護美

---

[註 1] Die *Grosse Politik*, V. XI, p. 360.
[註 2] 福森科著；楊詩浩譯，《瓜分中國的鬥爭和美國的門戶開放政策，1895～1900》，頁 205～211。
[註 3] 該法案發起人爲緬因州議員小丁格利（Nelson Dingley, Jr., 1832～1899）。

國產業，這個法案通過後就稱之爲「丁格萊法案」（Dingley Act）。而美國此次又掀起關稅大戰，也是 1896 年（光緒 22 年）當選的麥金萊總統爲了實現其保護主義的政見，故而實施「丁格利關稅法案」：該法案使得羊毛產品、亞麻、瓷器、絲綢、精糖的進口關稅提高 2 倍，而且對於自 1872 年（同治 11 年）以來不課稅的羊毛、獸皮開始課稅。整個課稅範圍尚涵蓋鹽、錫類罐頭、菸草、玻璃五金、火材、威士忌、皮草商品，以及重金屬、石油等等。總之，平均關稅提高達 57%。對德國來講，這個法案重創了她的糖業，蓋這是當時德國向美國輸出最大宗的產業。〔註 4〕德國農業界再度抗議美國的「丁格利關稅法案」，要求德國政府採取立即報復的措施。農業界的理由爲：再度引發關稅大戰，德國沒甚麼好損失的，因爲在 1897 年（光緒 23 年）的上半年，美國實施「丁格利關稅法案」的結果，德美貿易仍然達到極端的高額，因此兩國貿易很快就會陷入停滯狀態。但是德國政府審愼以對，因爲其必須衡量國家整體的公平性，不能像農業界完全不顧更重要的船運業的利益。〔註 5〕權衡之後，德國遂決定自柏林驅逐美國壽險公司、提高美國進口木材運費、禁止一些美國農產品以及豬肉進口反制。〔註 6〕結果，兩國重啓關稅大戰，而德國因爲工業原料依賴美國之處甚多，基本上落居下風。德國雖然嘗試與美國締結互惠條約，卻因爲美國要求德方先取消對美國農產品進口的限制，談判陷入僵局。雖然德國後來答應美國要求而向國會提出法案，但是美國的香腸製造業者、包裝業者、商人不滿德國法案，而德國的農業修正案也使得這項德國法案不可能成爲互惠的基礎，因此美國拒絕互惠條約的談判。〔註 7〕於是美德重啓關稅大戰，經濟關係陷入僵局。

　　甫上台的麥金萊政府對於德國的態度，也引起了英國的注意。《泰晤士報》特別報導，麥金萊在 1897 年（光緒 23 年）3 月提名海約翰（John Hay，1832～1905）爲駐英大使、波特（Horacy Porter，1837～1921）爲駐法大使，駐德大使尚未提名。〔註 8〕事實上，麥金萊政府對於駐德人選，先是沿用民主黨政府的厄爾（Edwin Fuller Uhl，1841～1901），畢竟厄爾曾擔任克里夫蘭總統的副國務卿，出使德國，堪稱有一定威望。直到同年 6 月，才由懷特（Andrew

---

〔註 4〕 Jonas, *The United States and German*, p. 49.
〔註 5〕 *The Times*, Aug. 12, 1897.
〔註 6〕 Jonas, *The United States and German*, p. 50.
〔註 7〕 *The Times*, Feb. 23, 1900.
〔註 8〕 *The Times*, Mar. 17, 1897.

Dickson White，1832～1918）接任駐德大使。彼曾經在 1879 年（光緒 5 年）至 1881 年（光緒 7 年）年出使過德國，曾創辦並成為康乃爾大學的第一任校長，也是一位教育家，並且極其仰慕德國文化，因此他的任命案受到德皇高度讚揚，顯示麥金萊總統對德國的重視，也顯示美國對修補雙邊關係的期待。。

## 二、薩摩亞群島

　　原本就一直暗潮洶湧的薩摩亞，也在 1898 年（光緒 24 年）8 月再次爆發紛爭。薩王馬力塔歐病危，而三強原本取得共識，認為瑪塔法已遭受足夠的懲罰，現下是讓其歸回薩島的適當時機。於是瑪塔法在同年 11 月再次為王。但是倫敦方面卻改變主義，改成支持已故國王馬力塔歐之子塔奴斯（Tanus）繼位，並且由薩島大法官作出決議，應該由塔奴斯為國王。根據 1889 年（光緒 15 年）的條約，三強爭端當由薩摩亞的大法官裁決，而此時的大法官卻是美國人錢柏斯（William T. Chambers），他自是支持英國、美國屬意的人選。德國領事不服，乃率先發難，只是這次瑪塔法獲得大多數薩人以及德國的支持，在薩摩亞內戰中獲勝稱王，至於塔奴斯以及大法官錢柏斯則狼狽逃到英國軍艦上避難。英國、美國領事在恐慌之餘，與德國領事開會，決定成立臨時政府，以瑪塔法為王，並由德人拉斐爾博士（Dr. Raffel）擔任行政長官。事實上，根據 1889 年（光緒 15 年）柏林會議所訂條約，領事根本無權做此安排，以致於讓德國遂其所志，獨控薩島大權。〔註9〕而臨時政府甫成立，便宣布大法官一職出缺，由拉斐爾博士代理。英、美領事不服，提出抗議，爭端又起。1899 年（光緒 25 年）元月，海約翰國務卿向德國抗議，並派遣費城號軍艦（Philadelphia）去薩島，〔註10〕英、美態度更趨強硬，要求解散臨時政府，並且由塔奴斯為王，而且礮轟親德派的土王勢力。薩摩亞內戰復起，只是這次英、美軍隊登陸之後，又在當年德國人傷亡慘重的同一椰子林重蹈覆轍，不但遭擊退，同時也有數位英、美人遭梟首示眾，以致於在 1899 年（光

〔註 9〕Ide,"The Inbroglio in Samoa,"pp. 682～3.
〔註10〕從 1892 年至 1899 年長達 7 年的時間，美國政府沒派過一艘軍艦至薩摩亞，因此美國駐當地官員只能依靠己力盡可能的與德國抗爭，同一時段，德國卻經年維持兩艘軍艦駐繫在薩島，英國最起碼也維持一艘軍艦，派遣海軍既要開銷，莫怪乎德國人在忍受當地酷暑與負擔的情形下，會自認比無甚所費的美國更有資格決定薩摩亞的事務。參見 Ide,"The Inbroglio in Samoa,"p. 687.

緒 25 年）的三強會議中，英、美以德國人十年前同樣的理由，要求罷黜瑪塔
法，而德國卻沒有立場反對。〔註 11〕原本鑒於薩摩亞局勢再度緊張，德國欲
通過與英國交換屬地的方式，抽身薩島。因此布洛夫（Bernhard von Bülow，
1849～1929）外交大臣建議德國以其薩島的保護領交換英國的吉爾伯特群島
（the Gilbert Islands）、英屬新幾內亞、馬六甲一處補煤站。但是英國殖民大臣
張伯倫（Joseph Chamberlain，1836～1914）認為代價太高。〔註 12〕布洛夫並
建議德皇，面對英國無須對其宣戰，不如以英國、美國違反先前 1889 年（光
緒 15 年）的三強公約為由，召回駐英大使，以為抗議。威廉二世也同意如此
做法，〔註 13〕英國仍欲談判，而這次的薩島內戰，首先由德國提出共組調查
委員會的要求，美國很快在 4 月中旬以前就同意，英國只好在其後也同意。
為此，德皇還特別感謝麥金萊總統的支持。〔註 14〕調查委員會抵達薩島後，
先恢復了和平。對於王位問題，委員會採用了妥協的方式處理，一致決議美
國大法官錢伯斯的裁決依據之前 1889 年（光緒 15 年）的柏林條約，產生效
力，亦即塔努斯為國王，但是又要求塔努斯遜位，並從此廢除薩摩亞的王位。
接下來的問題，則是薩摩亞未來如何處置的問題。三強的調查委員皆認定，
三強共管極難維持，不如逕自瓜分薩摩亞。於是 8 月，德國就向美國提出此
建議，而美國調查委員崔普（Bartlett Tripp，1839～1911）也在 9 月初和海約
翰交換意見，認為在三強共管下，薩島要維持一個穩定的政府極其困難，美
國還不如盡早從這種無前例可循的聯盟（the unprecedented alliance）撤退。崔
普最後則強調，依其個人之見，瓜分薩島為最上策。〔註 15〕自此，美國考慮
正式瓜分薩島。而英國正值南非與波耳人關係緊繃之際，有求於德國，因此
只有降低姿勢，願意對德國讓步，因此英國首相兼外交大臣沙侯（Robert Arthur
Talbot Gascoyne-Cecil、3rd Marquess of Salisbury，1830～1903）為了表示對德
國的善意，就同意將在薩島爭執中居關鍵地位之美國人錢伯斯大法官免職，
並且由瑞典國王擔任賠償問題的仲裁者。〔註 16〕雙方關於薩島談判恢復，而
且柏林官員也傾向接受以地易地方案，不過海軍大臣鐵畢子卻獨排眾議，認為

---

〔註 11〕 Ide,"The Inbroglio in Samoa,"pp. 684～685.
〔註 12〕 *Die Grosse Politik*, V. XIV, p. 575.
〔註 13〕 *Die Grosse Politik*, V. XIV, p. 590.
〔註 14〕 Ryden, *The Foreign Policy of the United States in Relation to Samoa*, p. 562.
〔註 15〕 Ryden, *The Foreign Policy of the United States in Relation to Samoa*, p. 566.
〔註 16〕 *Die Grosse Politik*, V. XIV, p. 623.

薩島在巴拿馬運河開通之後，戰略地位大增，又可作為德國聯絡全球的電報站，不可輕易放棄，至少要跟英國索取更高的代價。〔註17〕9 月初，哈茲菲爾德論及美國立場問題時，向英國表示只要英、德兩國能夠聯合徵詢美國意見，又分給美國圖圖伊拉島的帕果帕果港，畢竟目前美國只有在該島建設煤炭補給站的權利。因此，美國方面不會有甚麼問題。但是就在 9 月 8 日，沙侯卻以澳大利亞反對薩島任何現狀改變為由，不願再談判下去。〔註18〕德國外交大臣布洛夫原本就已為美德的商業大戰，焦頭爛額，決定息事寧人，並企圖拉攏美國對抗英國；〔註19〕10 月 24 日，美國駐德大使懷特報告國務院，雖然德國在近期舉辦的殖民會議中，多數委員贊成將德國的勢力範圍交易出去，但是殖民大臣卻表示有著情感上的考量，蓋德國人大多認定榮譽鞭策之下，德國必須保住在薩摩亞的利益，因此反對議會的決定；而布洛夫大臣也對懷特表示：薩摩亞既是德國海外殖民地的開端，從薩摩亞事件發生以來，德國民意日益贊成保留，因此彼亟於達成決議，由美國瓜分獲得圖圖伊拉島及帕果帕果港，其餘薩摩亞島嶼則由英德瓜分。〔註20〕也由於英國在南非將要應付波耳戰爭，在世界棋盤上決定完全放棄薩摩亞，以換取德國的合作，因此最後就由美國與德國談判，解決薩摩亞問題。這次雙方取消了薩摩亞原有的政治制度，直接瓜分薩島，美國獲得了「太平洋直布羅陀」帕果怕果港在內的東薩摩亞，西薩摩亞則歸德國，並在德國第一次世界大戰戰敗後為紐西蘭統治，直到 1962 年獨立。瓜分薩摩亞後，美、德對該地原住民的統一不感興趣，只是著重建設。〔註21〕值得注意的是，由於德國人相信彼等有責任保護薩摩亞，免受現代化的過度之害，這種態度就使得德國捨薩摩亞人，反而依賴進口華工來從事耕作勞務。〔註22〕英德關於薩摩亞的協議，則是英國放棄其薩島的勢力範圍，換取德國轉移在東加（Tonga）的一切權利，包括建設一處海軍站與補煤站的權利；遷移英德在索羅門群島的分界線，使得布干維爾島（Bougainville）以東及東南的德國島嶼盡歸英國；在英國與德國的西非屬地之間，劃分明確界線，瓜分中立區；德國承諾考慮英國或許有意願提出在多哥（Togo）及黃金海岸（the gold coast）之互惠關

---

〔註17〕 *Die Grosse Politik*, V. XIV, p. 660.
〔註18〕 Ryden, *The Foreign Policy of the United States in Relation to Samoa*, p. 560.
〔註19〕 *Die Grosse Politik*, V. XIV, p. 628.
〔註20〕 Ryden, *The Foreign Policy of the United States in Relation to Samoa*, p. 569.
〔註21〕 Hans G. Steltzer, *Die Deutschen und Ihr Kolonialreich* (Frankfurt: Societäts-Verlag, 1984), p. 171.
〔註22〕 Conrad, *German Colonialism*, p. 56.

稅；德國放棄在桑吉巴（Zanzibar）之領事裁判權，但是此特權之放棄需要其他列強也放棄領事裁判權才能生效。〔註23〕至於德國對桑吉巴領事裁判權放棄之但書，因爲美國在桑吉巴也擁有領事裁判權，故由英國負責通知美國。原本英德兩國秘密作業，以爲美國必會毫無異議接受，卻遭致美國反對。海約翰通知英國：在三國關於薩摩亞的條約議定之際，美國從無表示要在薩摩亞群島之外放棄任何的條約權利。〔註24〕

德國學者認爲，若從 1982 年的英國、阿根廷福克蘭群島之爭來解釋，就不會如此驚訝於十九世紀末三強對於此遙遠薩摩亞群島的爭奪。德國對薩島有著長年以來的經濟利益，而美國、英國卻高度評價該島的戰略意義。於是薩島之爭演變成了德國與美國之間首次的重大爭議，並且致使兩國關係日漸疏遠。〔註25〕

關於英國與德國、美國關係更進一步之事，在 1899 年（光緒 25 年）11月，德皇訪問英國期間，兩度接見張伯倫，親耳聽到後者所言之英、德、美結盟之事。尤其第二次接見時，張氏也向布洛夫表示英國與美國維持良好關係，殊爲重要，至少英國不會去傷害美國，何況美國已成爲在東亞及南中國海有支配地位的強權。〔註26〕而張伯倫同月底也在李斯特城發表演說，謂英國若不能與美國、德國結盟，至少也要達成諒解。他特別以日耳曼血統來描述三國，特別是英、美兩國皆爲日耳曼亞種之盎格魯——薩克遜人，但是他也表示德國輿論界對英國的敵視態度，使得兩國諒解不易，至爲遺憾。〔註27〕

## 三、中國形勢方面

李鴻章 1896 年（光緒 22 年）訪問歐美，列強莫不躍躍欲試，企圖從中得到好處，俄國隆重接待李鴻章，並由財政大臣維特（Sergei Witte，1849～1915）負責談判，謂之鴻章：俄國希望永久保持中國完整，調兵助華，須將海參崴與中國聯結；俄皇亦親謂鴻章：俄國地廣人稀，絕不侵人土地，鐵路是爲中國有事時，迅速調兵救援。鴻章心動，因而訂立《中俄同盟密約》，允許俄國

---

〔註23〕 Ryden, *The Foreign Policy of the United States in Relation to Samoa*, pp. 572～573.

〔註24〕 Ryden, *The Foreign Policy of the United States in Relation to Samoa*, p. 573.

〔註25〕 Steltzer, *Die Deutschen und Ihr Kolonialreich*, p. 127.

〔註26〕 Brandenburg, *From Bismarck to the World War*, pp. 137～138.

〔註27〕 Brandenburg, *From Bismarck to the World War*, pp. 138～9.

建設中東鐵路，防禦日本。〔註 28〕而李鴻章訪德，德皇威廉二世如何遊說，索取膠州灣做為干涉還遼的回報，皆未得逞（筆者案：鴻章此次訪德似是德國官方對其態度的驟變之所在，蓋德皇索灣不成，此後鴻章就從駐華公使申珂所謂的「患難之交」變成庚子事變時期威廉口中之「離間列強的頭等流氓」）；而李鴻章訪美，8 月 28 日抵達美國，次日上午就拜見了克里夫蘭總統，而 8 月 31 日則去故總統格蘭特墓前憑弔，卻沒與美國達成任何重大協議。對此巴蘭德認為，李鴻章為了華工移民問題與美國甲午戰爭時對日本的偏袒，耿耿於懷，所以訪問美國時是不會許美國人好處的。〔註 29〕

　　至於 1896 年（光緒 22 年），德國對華出口只佔其出口總額的 1.2%，從中國進口又只佔德國進口總額的 0.9%。〔註 30〕值得注意的是，列強（包括美、德在內）所追求的中國市場，在當時事實上尚屬「未來式」。美國、德國等列強，在中國市場未能如其預期大發利市，主要的原因之一是中國消費水準不高。畢竟當時的中國，正處於千古未有之大變局，對外賠款使人民負擔沉重之餘，許多地區依現代標準而言，係吾人無法設想之貧窮落後，因此中國人尚未有歐美列強人民的消費意識，故許多歐美人習以為常的民生用品，在中國卻無銷路。例如某一美國刮鬍泡水的製造商，或許從早報乍聞中國有 4 億人口，欣喜之餘委託代理商開拓中國市場，卻大失所望，質問為何尚未接到兩億條剃鬍皂條的訂單？因彼未覺每 1,000 個中國人之中，能否找出 1 個刮鬍泡水的消費者，都是個問題了。〔註 31〕

## 四、德國新政策

　　更重要的是，1897 年（光緒 23 年），德國的世界政策方面有了真正侵略性的發展，因此積極向海外擴張，這就是德國史家所謂的「野性悸動」（aggressive Rastlosigkeit）、「德意志非凡之常態」（Normalität der deutschen Außergewöhnlichkeit）、「特別意識」（Bewuβtsein des Besondern）時期。原本因 1894 年（光緒 20 年）至 1897 年（光緒 23 年）間，德國勞資對立、工人罷工的情形日益嚴重，於是威廉二世首度在國會中提出法案，企圖增加政府權力來高壓打擊這些運動，但是首相卡普里維持保留態度，而外交大臣馬沙爾也

---

〔註 28〕郭廷以，《俄帝侵略中國簡史》（臺北：文海，1983），頁 24～5。
〔註 29〕Brandt, *Drei Jahre Ostasiatischer Politik*, p. 341.
〔註 30〕Mühlhahn, *Herrschaft und Widerstand in der Musterkolonie Kiautschou*, p. 88.
〔註 31〕Moss, *Britons v. Germans in China*, p. 74.

反對德皇躁進的外交政策，使得德皇對政府人事感到不滿，認為妨礙其「新路線」（Neue Kurs）政策的推行，所謂「新路線」就是對內高壓統治，對外推行海軍建設與世界政治。〔註32〕尤其 1896 年（光緒 22 年），由於南非的克魯格（Paul Kruger，1825～1904）總統擊退英國，威廉二世發了所謂「克魯格電報」（Kruger Telegram），恭賀其勝利，卻激怒英國，也使得德國自認海軍不敵英國，致使往後的南非事件不敢派兵援助南非。〔註 33〕經由此事的刺激，德皇卻更覺發展強大海軍之必要。因此他決意尋求自己的政治班底，一展抱負，內閣人事大更換，時年 75 歲的老臣維克多（Chlodwig Carl Viktor，1819～1902）〔註34〕於 1894 年（光緒 20 年）組閣，也就是史稱的何倫洛熙公爵，而 1897 年（光緒 23 年）由布洛夫接任外交大臣、鐵畢子升任海軍大臣，這批人的特色在於理念與德皇契合，甚至為了官位也會刻意迎合上意，在這種情況下，1897 年（光緒 23 年）就成了德國外交的一個分水嶺，從這年開始，德國侵略擴張的「世界政策」就成了其對外圭臬，也就在美德關係中掀起了更深的波瀾，而中國膠州灣就是一個衝突點。

蓋此時外交大臣布洛夫的主要目標就是建造強大的艦隊，使得德國可以在英國與俄國之間，左右逢源，有隻「自由之手」（freie Hand）可以孜意在世界局勢上伸展。〔註 35〕布洛夫推行的帝國主義政策，原本也是想要轉移國內中產階級和產業工人對於憲政改革的關注，卻也刺激了擴張性的民族主義，於是海軍及其世界使命，遂成了工業資產階級理想之寄託物，因為在國內市場為大財團把持情況下，中產階級欲向上爬，只能訴之海外市場，於是擁有強大的艦隊才能保障德國貿易不會被排斥在拉丁美洲、近東、遠東等地，這也就成了資產階級各階層的共識。〔註 36〕而德國強租膠洲的結果，則凸顯了在十九、二十世紀之交，所有西方列強中，只有奧匈帝國與美國沒有對中國提出租借地或根據點的要求。〔註37〕

---

〔註32〕Mühlhahn, *Herrschaft und Widerstand in der Musterkolonie Kiautschou*, pp. 80～81.

〔註33〕周鯁生，《近代歐洲政治史》（武昌：武漢大學出版社，2007），頁 178。

〔註34〕由於他是何倫洛熙地區的公爵（Fürst zu Hohenlohe-Schillingsfürst），因此慣稱為何倫洛熙公爵。

〔註35〕Klaus Hildebrand, *Deutsche Aussenpolitik 1871～1918* (München: Oldenbourg, 1994). pp. 28～29.

〔註36〕李工真，《德意志道路：現代化進程研究》，頁 209～210。

〔註37〕Kindermann, *Der Aufstieg Ostasiens in der Weltpolitik*, p.76.

## 第二節　德國教會勢力在山東的擴張

　　有清一代，歐洲各國基督宗教勢力紛紛東來中土，進行傳教活動。先是英國人在 1842 年（道光 22 年）8 月《中英南京條約》獲得了廣州、福州、廈門、寧波、上海五處港口進行貿易通商之權利、繼而美國人在 1844 年（道光24 年）7 月之《中美望廈條約》又進一步擴大獲得了對中國的條約特權：

　　　　二、合眾國來中國貿易之民人所納出口、入口貨物之稅餉，俱照現定例冊，不得多於各國。一切規費全行革除，如有海關胥役需索，中國照例治罪，倘中國日後欲將稅例更變，須與合眾國領事等官議允。如另有利益及於各國，合眾國民人應一體均沾，用昭平允。

　　　　十七、合眾國民人在五港口貿易，或久居，或暫住，均準其租賃民房，或租地自行建樓，並設立醫館、禮拜堂及殯葬之處。必須由中國地方官會同領事等官，體察民情，擇定地基；聽合眾國人與內民公平議定租息，內民不得攙價掯勒，遠人勿許強租硬占，務須各出情願，以昭公允；倘墳墓或被中國民人毀掘，中國地方官嚴拿照例治罪。其合眾國人泊船寄居處所，商民、水手人等止準在近地行走，不准遠赴內地鄉村，任意閒遊，尤不得赴市鎮私行貿易；應由五港口地方官，各就民情地勢，與領事官議定界址，不許逾越，以期永久彼此相安。

　　　　二十一、嗣後中國民人與合眾國民人有爭鬥、訴訟、交涉事件，中國民人由中國地方官捉拿審訊，照中國例治罪；合眾國民人由領事等官捉拿審訊，照本國例治罪；但須兩得其平，秉公斷結，不得各存偏護，致啓爭端。

　　　　三十二、嗣後合眾國如有兵船巡查貿易至中國各港口者，其兵船之水師提督及水師大員與中國該處港口定文武大憲均以平行之禮相待，以示和好之誼；該船如有採買食物、汲取淡水等項，中國均不得禁阻，如或兵船損壞，亦準修補。〔註38〕

從這些條款中，第二款之「合眾國民人應一體均沾」就是所謂的最惠國待遇，這一條款開啓了其後列強競相援引之風潮，更使中國陷於不平等而難翻身的困境；第十七款雖規定美國人「不准遠赴內地鄉村」，卻大開美國傳教士的方

---

〔註38〕王鐵崖，《中外舊約章彙編》，頁 51～56。

便之門，讓彼等可以在前述廣州、福州、廈門、寧波、上海自由居住、停留任其所需，時間不拘，可以租賃民房或租地自行建立醫院與教堂，而醫院與教堂正是傳教士利於攏絡一般民眾之地；第二十一款則是所謂領事裁判權，但凡此後美國人在中國有觸犯中國法律之事，概由美國領事裁判。誠然，就當時美國人觀之，中國既然落後封建，法治不完善，故須由美國保護在華美國僑民；第三十二款規定美國海軍得任意巡弋於中國對外洋通商之港口，對中國內政、外交皆嚴重踐踏，中國也喪失了國防上的安全，自不在話下。雖然兩廣總督耆英在當時的時空背景，前有英國鴉片戰爭的慘痛經驗，又面對挾軍艦以要脅之美國專使顧盛，遂簽下此約，但也反映了當代中國人昧於國際情勢的程度。總之，《中美望廈條約》諸條款的相互結合運用，再加以「一體均沾」的施用，列強對中國予取予求之後患也就無窮無盡了。

特別是 1844 年（道光 24 年）10 月簽訂之《中法黃埔條約》（Treaty of Whampoa），係法國參考《中英南京條約》、《中美望廈條約》，要求清廷所簽定，如此法國人不但獲得了五口通商之權、最惠國條款、領事裁判權，也如同美國人，為法國的天主教勢力打開了中國的門戶。《中法黃埔條約》第二十二款即規定：

> 凡佛蘭西人按照第二款至五口地方居住，無論人數多寡，聽其租賃房屋及行棧貯貨，或租地自行建屋、建行。佛蘭西人亦一體可以建造禮拜堂、醫人院、周急院、學房、墳地各項，地方官會同領事官，酌議定佛蘭西人宜居住、宜建造之地。凡地租、房租多寡之處，彼此在事人務須按照地方價值定議。中國官阻止內地民人高擡租值，佛蘭西領事官亦謹防本國人強壓迫受租值。在五口地方，凡佛蘭西人房屋間數、地段寬廣不必議立限制，俾佛蘭西人相宜獲益。倘有中國人將佛蘭西禮拜堂、墳地觸犯毀壞，地方官照例嚴拘重懲。

〔註39〕

但是法國在歐洲向來與教會關係特殊，自從法國取得在中國五口傳教的權利之後，羅馬教廷也就授權予法國，由她來負責保護天主教在華之神職人員。

1858 年（咸豐 8 年）6 月，依訂約先後所立之《中俄天津條約》第八款：「天主教原為行善，嗣後中國於安分傳教之人，當一體矜恤保護，不可欺侮凌虐，亦不可於安分之人禁其傳習。若俄國人有由通商處所進內地傳教者，

---

〔註39〕 王鐵崖，《中外舊約章彙編》，頁 57～64。

領事官與內地沿邊地方官按照定額查驗執照，果系良民，即行畫押放行，以便稽查」；《中美天津條約》第二十九款：「耶穌基督聖教，又名天主教，原為勸人行善，凡欲人施諸己者亦如是施於人。嗣後所有安分傳教習教之人，當一體矜恤保護，不可欺侮凌虐。凡有遵照教規安分傳習者，他人毋得騷擾」；《中英天津條約》第八款：「耶穌聖教暨天主教原係為善之道，待人知己。自後凡有傳授習學者，一體保護，其安分無過，中國官毫不得刻待禁阻」；《中法天津條約》第十三款：「天主教原以勸人行善為本，凡奉教之人，皆全獲保佑身家，其會同禮拜誦經等事概聽其便，凡按第八款備有蓋印執照安然入內地傳教之人，地方官務必厚待保護。凡中國人願信崇天主教而循規蹈矩者，毫無查禁，皆免懲治。向來所有或寫、或刻奉禁天主教各明文，無論何處，概行寬免。」〔註40〕

在這些條約裡面，列強不但增加了通商口岸，再次確認了之前各不平等條約之特權外，值得注意的是，列強更趁此次換約的機會，不但為基督宗教勢力增取更多的利權，就連中國人入教者也須受到保障。尤其是法國方面，不但中國在第二次鴉片戰爭期間所沒收的天主教教堂及教會財產歸還，此後法國傳教士反而可以自由在於中國內地租買田地，建立教堂。如此一來，就為日後的民教衝突埋下了伏筆。

到了1861年（咸豐11年）9月，一如第三章所述，普魯士也和中國建交立約，當時的普魯士及其代表的德意志諸小邦，亦如前述諸約，獲得了廣州、潮州、廈門、福州、寧波、上海、芝罘、天津、牛莊、鎮江、九江、漢口、瓊州、臺灣、淡水等諸多口岸之通商權利外，其公民也可以在這些口岸居住、來往、貿易、工作，並且自由賃房、買屋、租地、造堂、醫院、塡塋等等，自也擁有最惠國條款、領事裁判權等其他列強所擁有之不平等特權，一樣不少。至於攸關宗教之第十款，則規定：

> 凡在中國者或崇奉或傳習天主教暨耶穌教之人，皆全獲保佑身
> 家，其會同禮拜誦經等事，概聽其便。〔註41〕

這也就鼓勵了以普魯士為主之德意志諸邦的天主教教士來華傳教。在此之前，德意志諸邦出身的神父，如果要來中國進行傳教事業，通常都是以教會神職人員的身分加入諸如法國的天主教會，再遠渡重洋至教廷所劃分的中國

---

〔註40〕王鐵崖，《中外舊約章彙編》，頁86～112。
〔註41〕王鐵崖，《中外舊約章彙編》，頁163～171。

各教區傳教，自然也須接受法國的指揮與保護。在這種情形之下，法國乃藉由天主教教會的發展擴大其在中國的地位。反之，中國自是極為憎恨法國。

就以山東地區而言，自從煙臺成為通商港口之後，進入山東傳教的教派幾乎皆是英國、美國的新教教派，在 1882 年（光緒 8 年）以前，美國就有美國兄弟會（Plymouth Brethern）、美國南浸信傳道會（South Baptist Convention）、美國長老會總差會（American Presbyterian Mission）、美國美以美會（Methodist Episcopal Church）等等，而英國也有英國聖道公會（Methodist New Connection）、英國聖公會（Society for the Propagation of the Gospel in Foreign Lands）、英國內地會（China Inland Mission）等等。〔註42〕天主教的勢力，在這段時期並不是很強，只有在 1839 年（道光 19 年），由聖芳濟會（Franciscans）將山東全區劃為一個獨自的教區經營，成效不彰。

一般教士來華，由於其二重身分，就會無形中干擾到中國內政：一方面，他們既為神職人員，依據前述之不平等條約，就有別於一般外僑，可以自由進到中國內地，租買土地，建立教堂，而且官府必須嚴加保護，不得有絲毫差池；另一方面，他們也是外僑，也享有領事裁判權的保護，完全不受中國法律的拘束。至於中國的教徒，也由於後來條約的保護，漸漸形成社會問題的亂源。簡單來講，如果教會勢力為求擴張，而不過問中國教徒之人品與背景，良莠不拘，一概得以入教，而這些不肖之徒，反過來作姦犯科，魚肉鄉民，遂成官府訴訟案件之由來。這些訴訟，即使案情單純，但教士若不察而干預中國司法，而且時常結合其母國之外交代表，會同施壓官府，就造成了許多不公平的判決，中國百姓一怒之下，訴諸暴力，直接攻擊、乃至殺害教士、教民，而列強政府又再無理交涉，逼得中國官府賠償、出賣各種利權，民怨又起。這就是清末教案層出不窮的原因。〔註43〕山東地區在清末三十年

〔註42〕張玉法，《中國現代化的區域研究：山東省（1860～1961）》（臺北：中央研究院近代史研究所，1987），頁 149～150。
〔註43〕持平而論，有清一代的教案，中國方面也有責任。呂實強歸納十九世紀後半葉中國官紳階級之反對基督教，認為從傳統儒家觀點看來：（一）、「華夷之辨」與基督教義其實並不衝突，只是一般官紳在英法聯軍之役以後，目睹基督教因為西方列強之船堅礮利而深入中國腹地，這種傳教與侵略性政治力相結合的結果，使得彼等對外人傳教發生了懷疑與恐懼；（二）、「人禽之辨」與基督教亦非殊不相容。如基督教講博愛平等並不牴觸儒家思想，只是實踐與目標有些差異，前者所重非現世，而後者強調現實社會；又如基督教教內男女以「兄弟姊妹」相稱，實與儒家「四海之內，皆兄弟也」類似，並非倫理上無

上下的時間，就已成為中國教案最多最亂的省份之一。

　　不過隨著普魯士、法國數百年來的民族對立情結之發展，尤其自德法戰後，普魯士統一德國之後，這種對立也漸趨反映在中國的傳教事業方面。德國駐華公使巴蘭德在 1877 年（光緒 3 年）就建議德國政府，其應該取代法國政府成為中國之德國天主教會的護教者，一來可增加德國之實力，二來可更加贏取向來對法國這個護教者深痛惡絕之中國的歡心，不過德國政府正窮於俾斯麥所發起的「文化鬥爭」（Kulturekampf）運動，沒有餘暇去考慮巴蘭德的建議。〔註44〕瑞士同善會的德籍神父花之安（Ernest Faber，1839～1899），1882 年（光緒 8 年）來到山東傳教，也在 1890 年（光緒 16 年）年建議俾斯麥脫離法國，由德國自行保教，德國政府沒有回應。〔註45〕

　　而德國天主教勢力之在山東擴展的原因，則是因為安治泰（John Baptist Anzer，1851～1903）緣故。安治泰為德國巴伐利亞地區人士，於雷根堡神學院畢業之後，加入了楊生神父（Arnold Janssen，1837～1909）於 1875 年（光緒元年）9 月 8 日，在荷蘭斯泰爾（Steyler）所創之聖言會（Congreg Qtion du Verbe Divin de Steyl）。1876 年（光緒 2 年），安治泰即被授予神父聖職，並且在 1879 年（光緒 5 年）3 月，安治泰和奧地利籍的福若瑟（Joseph Freinademetz，1852～1908 年），代表這個新成立的天主教傳教修會，成為其向中國派出的第一批傳教士。他們抵達香港後，先學習一年的中文，然後在 1880 年（光緒 6 年），安治泰先抵達上海，他即向德國駐上海總領事要求為了在中國創辦教會，他希望能獲得德國護照在中國內地旅行，並且將德國教會置於母國保護之下，卻遭到拒絕，於是安治泰就只能持法國護照，並在法國監督下從事旅

---

分差等。卻又因為教士傳教方法，引起無謂的衝突。這種種誤會，加上國人本身的迷信與偏見，官吏處理教案的積習，例如自身問案不公、不敢拒絕教士干預訴訟又怕上級查核，反而造成教士干預地方官審案成為常態性惡例，加上官場又賄賂公行等惡習，使得教案問題更複雜，中國官員本身也有責任。紳士特權階級也有魚肉良民，致使彼等入教，而許多入教別有用心教民以及中國教士，也確有危害國家體制與官紳權益之情。總之，之所以有眾多教案，主要是人性因素，而非基督教義與儒家思想的衝突。參見呂實強，《中國官紳反教的原因，1860～1874》（臺北：中央研究院近代史研究所，1966）。

〔註44〕 John E Schrecker, *Imperialism and Chinese Nationalism: Germany in Shantung* (Cambridge: Harvard University Press, 1971), p.12. 筆者案：所謂「文化鬥爭」簡單來說，就是自 1871 迄 1878 年之間，俾斯麥所試圖降低羅馬教廷對德國影響力的運動。

〔註45〕 張玉法，《中國現代化的區域研究：山東省（1860～1961）》，頁 160～161。

行。〔註46〕他先來到了山東煙臺，接著又到濟南傳教。1881 年（光緒 7 年），福若瑟也來到了山東，加入安治泰的工作。當時，羅馬教廷、也就是天主教派的聖芳濟會（Franciscans），當然也歸法國保護，而其山東教區負責人、義大利籍的顧立爵主教（Eligius Cosi）遂將天主教勢力極為微弱之山東西南部的兗州、沂州、曹州府和濟寧直隸州分配給安治泰和福若瑟神父，而他們的出發點陽谷縣坡里庄只有 158 位天主教徒，並且同時也在沂州府（臨沂）和沂水縣建立了分駐地。顧立爵主教之所以將此地區劃分給安治泰來嘗試，一方面可能是顧立爵畢竟是為法國人做事，立場較親法，是以不會給安治泰太好的地方來傳教，因為當時山東西南部正被教廷視為「沒有希望」傳教的地方；另一方面，由於安治泰具有開擴進取的熱情，是以讓他嘗試是否能有所突破。

安治泰可說是一位具有幹才，素懷大志，又很能吃苦耐勞的傳教士。他的個人背景，使得他與山東地區有著錯綜複雜的關係：其一、安治泰有著強烈的德國民族主義傾向，在德法戰爭結束方十年之際，兩國人民基本上還互相有敵對心態，而安治泰一來到山東，就處心積慮想要為其天主教會追求德國之國家利益，擺脫法國之保護，回歸德國保護，並藉此大肆擴展其個人教會與德國的國家勢力。從一開始，他就有著「在中國建立一個規模較大之德國天主教會」的野心：〔註47〕其二、對於中國，安治泰無可避免有著歐洲人、乃至德國人的優越感，並且似乎有種仇視中國（Sinophobia）的傾向。安治泰明定的目標就是要「深深侮辱中國人的自尊」，而其聖言會教士也普遍將中國描述為「撒旦王國」，有著遠比基督教國家廣闊許多的魔鬼地盤，總之，中國就是個擁有古老習俗的黃種奴隸，也有著專制的官僚系統；〔註 48〕其三、安治泰卻又汲汲於名利，一意在中國這個他口中的「撒旦王國」竭澤而漁，追求其個人之各種富貴，甚至做起中國之高官。這點下文再詳談。但是安治泰這種種的個人特質，吾人已可看出會在山東地區、乃至中國皆造成嚴重的傷害。

安治泰在山東西南部的傳教事業，開始非但不順利，而且困難重重。蓋兗州下轄孔子故里曲阜和孟子故里鄒縣，也是山東南部最重要的政治文化中

---

〔註46〕Schrecker, *Imperialism and Chinese Nationalism*, p.12.

〔註47〕安作璋主編，《山東通史》（下）（濟南：山東人民出版社，1995），頁 194。

〔註48〕George Steinmetz, *The Devil's Handwriting: Precoloniality and the German Colonial State in Qingdao, Samoa, and Southwest Africa* (Chicago: University of Chicago Press, 2007), pp. 416～417.

心，「這裡對中國人來說雖然不是耶路撒冷和麥加，但享有聖地的聲譽」，〔註49〕當地中國人明顯以此自豪，非常以孔夫子爲榮，兼之山東人民本就民風強悍，對於聖言會的傳教活動，自是頑強予以抗拒。當時德國駐華公使館秘書史坦伯格（Hermann Speck von Sternburg，1852～1908）就說過兗州是「全中國除了湖南省之外，唯一教會還不能立足的地方。」〔註50〕不過安治泰卻不氣餒，堅持在兗州傳習天主教，一心想要在此地成功發達。在傳教過程中，他幾度有喪失性命之虞，曾經「被捉住，反綁雙手，身上抹上糞，牽著遊街」、也被「綁在樹上毆打，直到人們認爲他已經被打死爲止。」〔註51〕儘管如此，由於安治泰的刻苦奮鬥，發展教會勢力終於有了成效，1882 年（光緒 8 年）元月，教廷就設立了山東南境署理代牧區，並由安治泰任代理主教。1886 年（光緒 11 年）元月，教廷正式設立了山東南境代牧區，安治泰成爲宗座代牧。是年，安治泰開始於兗州購地，準備建堂，不過十餘年間交涉多次，引發數次衝突事件，終究未果。到了 1893 年（光緒 19 年），聖言會已在魯南教區建立 12 處教堂，並有 34 位德國教士，發展出了 4,000 位中國教徒。一言以蔽之，安治泰的傳教事業，乃是從陽谷縣坡里莊只有 158 位教徒起步，最後發展到 20 萬位教徒的規模，甚至還影響到江蘇北部緊靠山東邊界的徐州府，致使省界附近出現不少全村入教的情況，爲法國耶穌會在該地區帶來了無比輝煌的傳教成績。

　　不過德、法兩國的國家利益衝突，也在安治泰的傳教過程中，益發突顯，從 1886 年（光緒 12 年）起，德國政府開始改變了政策，認爲天主教中心可以不是其國家阻力，反而可以成爲有益於第二帝國的支持者。此外德國政策之轉變，同時也是由於中國在中法安南戰役之後，特別努力尋求結束法國在中國之天主教護教者的地位，德國可以趁機再贏取中國的好感。當時中國即要求梵蒂岡教廷直接派公使來華，以取代法國護教者的角色，蓋中國人相信教皇不會像法國那樣熱衷於利用教會來獲得政經之不平等特權，卻由於法國作梗，此案遂胎死腹中。而德國與義大利兩國，卻在 1888 年（光緒 14 年）結盟，宣布不再接受其他國家發給兩國國民的護照，中國因前述梵蒂岡教廷公使的問題，對德、義兩國之拒絕法國護照表示歡迎。就在這種背景之下，

---

〔註49〕安作璋主編，《山東通史》（下），頁 195。
〔註50〕Steinmetz, *The Devil's Handwriting*, p. 417.
〔註51〕安作璋主編，《山東通史》（下），頁 195。

德國駐華公使巴蘭德通知安治泰，即日起聖言會改由德國保護，〔註52〕不過這項改變正式生效，卻又因故拖延到了 1891 年（光緒 17 年），教廷才批准聖言會歸德國保護，成為在中國第一個不受法國保護的天主教傳教區。有了德國政府在背後支持之後，安治泰復結合在北京的德國公使，為他的各種要求向總理衙門施壓，尤其在德國國內，安治泰更開始受到德皇威廉二世的關注，返國時時常成為德皇的座上嘉賓。

1893 年（光緒 19 年），安治泰經由德國公使館向清廷施壓，要求授予其中國官階，得到了三品頂戴，1895 年（光緒 21 年），又趁甲午戰爭之中國國難，要求晉升為二品頂戴，成為總督、巡撫一級的官員，也就得而與山東之最高長官—山東巡撫平起平坐，益發製造山東地方的混亂。1896 年（光緒 21年）3 月，也就是馬關條約簽訂之後，列強進取中國之勢更為凌厲，在宗教事務上也是一樣，總理衙門就在列強壓力之下，頒布所謂的地方官接待主教、教士事宜條例規定：

> 總主教或主教，品味與督撫相同；攝位司鐸，大司鐸與司道同級；司鐸與府廳州縣同級；分別教中品秩與同級中國官吏相來往；教案發生時，主教司鐸轉請護教國公使或領事官，同總署或地方官交涉辦理，也可以直接向地方官商辦。〔註53〕

安治泰遂得而與山東巡撫同級，據有與之同等的權利，成為中國內政之怪現象，此後在山東更是積極傳教，惟聖言會行徑卻引發下節所述之「巨野教案」，不但引發膠州事件，更直接觸動美德關係在中國之變化。

## 第三節　德國強租膠州灣與美國發動美西戰爭

美國對三國干涉還遼後的局勢發展，密切關注，尤其擔心德國等國會從中漁利。美使田貝則預見了：中國可能需時甚久方得以重新振作，修築鐵路，但外國人未嘗知曉，是以數以百計商人代表來華。因其對中國近來的援助，德國與法國恐將索取大禮。〔註54〕

---

〔註52〕Schrecker, *Imperialism and Chinese Nationalism*, pp.12～13.

〔註53〕徐緒典，〈教會、教民和民教衝突—山東義和團運動爆發原因初探〉，收入義和團運動史研究會編，《義和團運動史論文選》（北京：中華書局，1984），頁 256。

〔註54〕Vagts, *Deutschland und die Vereinigten Staaten in der Weltpolitik*, V.I I, pp. 962～963.

　　一如田貝所料,威廉二世的德國亟欲在中國獲得一個立足點,以彰顯其世界大國的地位,[註55]只是暫時沒有付諸行動。一如前述,早在 1861 年(咸豐 11 年),普魯士尚未一統德國,而其使臣艾林波來華洽談中國與北德意志各邦建交通商事宜之際,順便考察了臺灣,認爲該地很符合德國的需要。[註56]俾斯麥主政的時代,亦有多人建議攫取中國的領土。在德國統一後,德國著名的地理學家、中國通李希霍芬(Ferdinand von Richthofen,1833～1905)原本建議奪取寧波對面的舟山群島;而 1873 年(同治 12 年)7 月,海軍少校白蘭克(Captain von Blanc)在報告中,也附合李希霍芬的意見。[註57] 1883 年(光緒 9 年)11 月,德國一家私人之洛琳公司(Rolin Company)就會同了德國領事與德國東亞艦隊,忽然就在汕頭攫取了一大塊公有地,並升起德國國旗企圖作爲佔領的象徵,在中國強烈抗議後,事情回歸原狀。[註58]

　　蓋當時俾斯麥在德國建國之後,外交上主要是交好英、俄等列強,以達到孤立法國的目的,內政上德國又有諸多重大問題必須整合或解決,故在海外擴張上就顯得消極,正是儘管有許多意外,直到 1890 年(光緒 16 年),俾斯麥主政之德國政策的最高目標就是維持和平—此政策日益增強的原因爲:一、德國境內現有許多民族;二、德意志帝國尙在塑造之中;三、宗教與社會問題尖銳的歧異構成了對德國的威脅;四、德國之初建與德國之繁榮皆急需和平。[註59]在這種情形之下,俾斯麥的首要之務就是孤立法國的和平,而不向海外發展也是一種對英國的善意,所以俾斯麥對於攫取中國領土的呼籲,也就不予理會。不過 1890 年(光緒 16 年)以後,德皇威廉二世主政,對於東亞總是虎視眈眈,採用激進而迥異於俾斯麥老成持重而有限度的擴張政策。

　　到了 1895 年(光緒 21 年)3 月,德國還沒有正式參與三國干涉還遼時,就已在預作準備,帝國內部也試圖對選擇的地點達成共識,以便攫取中國領土。此時,在德國政府的中國領土名單中,共有舟山群島、臺灣、香港之東的大鵬灣、廈門附近的鼓浪嶼、山東的膠州灣、澎湖群島。[註60] 由於德國

---

〔註55〕 Kindermann, *Der Aufstieg Ostasiens in der Weltpolitik*, p.73.

〔註56〕 Feng, *The Diplomatic Relations between China and Germany*, p. 23.

〔註57〕 *Die Grosse Politik*, V. XIV, p. 5;孫瑞芹,《德國外交文件有關中國交涉史料選譯》(一),頁 88。

〔註58〕 Feng, The Diplomatic Relations between China and Germany, p. 23.

〔註59〕 Feng, The Diplomatic Relations between China and Germany, p. 22.

〔註60〕 *Die Grosse Politik*, V. XIV, p. 6;孫瑞芹,《德國外交文件有關中國交涉史料選譯》(一),頁 88。

海軍與外交部之間，對在中國選擇的港口地點始終有歧異，事情一直不能定案。海軍就主張：為了讓德國東亞艦隊的行動範圍可從新加坡延伸到日本函館，就是中國海與日本海之間的 3,000 多海哩，這樣才能到處保障德國的商業與利益，就需要兩處海軍基地。海軍部為此提出三組理想的地點：一、北方的舟山群島與南方的廈門（包括鼓浪嶼）；二、北方的膠州灣與南方的大鵬灣；三、北方朝鮮的莞島與南方的澎湖群島。〔註 61〕外交部則從外交政策上逐條審視，提出其看法：澎湖由於已經割讓給日本，必須排除；舟山群島由於中、英之間已經約定，不得割讓給第三國，而且英國也不可能放棄該地；根據巴蘭德之見，廈門是一個通商口岸，根本不可行；大鵬灣靠近香港又在颱風路徑上，不值得考慮；至於莞島，俄國與日本會反對。

　　而李希霍芬可說是博學多聞，在他親身考察中國風土人情之後，改變主義，認為膠州灣最適合德國發展，而他的理論也成為日後德國政府評估的權威指引。不過李希霍芬對中國的認識，確實精闢獨到，他就指出中國各方面發展已到了高度水準，因此停滯不前，需要外來刺激才能進步。而這點德皇威廉二世乃至德國政府，其實也有認識。只是他所謂的外力刺激，依然導引德國走上帝國主義路線，強佔膠州灣，並建築膠濟鐵路與開採礦產。〔註 62〕這點李希霍芬卻美化成「內在發展」（Erschlieβung des Innern）或「國家進步」（Hebung des Landes）。〔註 63〕

　　吾人若將李希霍芬與馬漢做個比較，可以發現後者未嘗到過中國，對中國只是紙上談兵，認為她只能是列強逐鹿的對象，並非一個有機的生命體；反之，李希霍芬對中國有著深邃的認識，關於中國的著作等身。但是兩人的理論，到頭來都是提供美德兩國向中國發展帝國主義的影響力。總之，德國外交部既然認為膠州灣是唯一可行的地點，只需跟中國單獨交涉，而且又可以從彼處保護德國在山東的天主教勢力。〔註 64〕於是，在 1895 年（光緒 21 年）的 9 月，德國已初步傾向獲得膠州灣作為其海軍基地。對照其他參與干

〔註 61〕 *Die Grosse Politik*, V. XIV, pp. 9～10；孫瑞芹，《德國外交文件有關中國交涉史料選譯》（一），頁 91～92。

〔註 62〕 Mühlhahn, Herrschaft und Widerstand in der Musterkolonie Kiautschou, pp. 61～63.

〔註 63〕 Ferdinand Richthofen, Schantung und Seine Eingangspforte Kiautschou (Berlin: Verlag Classic Edition, reprinted in 2010), p. 300.

〔註 64〕 *Die Grosse Politik*, V. XIV, pp. 14～15；孫瑞芹，《德國外交文件有關中國交涉史料選譯》（一），頁 96～97。

涉還遼的列強，沙俄已經取得在滿洲建築鐵路的權利，法國也在同年 6 月取得在雲南與兩廣商業與經濟的特權，無異於將越南邊界向中國推進一大步，這使得德國益發不甘心居於人後，決定先循外交管道來爭取港口。德國駐北京公使紳珂於同年 10 月底向總理衙門提起德國擬向中國租借一個儲煤站之事，未果；〔註65〕德國軍艦又在廈門出現，謠傳要索取金門島。〔註66〕12 月15 日，由於巴蘭德正好到中國旅行，訪問總理衙門，紳珂公使趁機再利用恭親王、慶親王奕劻（1838～1917）、翁同龢都在場的機會，陳述：「……問題只是讓與一個屬於中國主權下的居留地或以租借方式給予一個適宜地點爲建立一個軍港之用。德國在東亞海洋內的實力增強，對於中國只會有好處。至於其他凡是可以考慮到的列強都不需一個軍港，因爲他們都已經有了」，慶親王直接拒絕，因爲這個要求沒有先例，如果中國接受了這個要求，其他國家就會提出同樣的提議，中國就會陷入困難而危險的地位。〔註67〕德國向中國的要求，是以失敗告終。但是在向中國直接交涉的同時，德國也向中國駐德、俄公使許景澄下手，希望旁敲側擊，得到答覆，由於許景澄長駐俄京聖彼得堡，遂訓令駐俄公使拉度林數度接近之，以探口風，最後拉度林卻回報德國外交部：許景澄公使怕被當作漢奸，不敢主張割讓一個海島，卻暗示運用「一點武力」才能解決問題，否則只靠紳珂向中國交涉是不會有作用的。〔註68〕由於德國一再索地，中國雖有警覺，卻因財政困難無力及時防範。如 1897 年（光緒 23 年）3 月，恭親王奕訢上奏，爲了杜絕德國野心，宜先將膠州灣建成海軍基地，駐紮軍艦。〔註69〕

德璀琳則建議德國政府：帝國公使應該繼續努力以取得膠州灣及其附近地區的割讓，若遇到抵抗，則改用租借土地的方式，並且要求開放膠州灣。德國應該避免一切足以動搖中國不穩定狀態的行爲，所以不應堅持中國直接割讓土地，放棄領土主權；相反地，德國應該努力使中國政府得一德國正在支

---

〔註65〕 *Die Grosse Politik*, V. XIV, p. 20；孫瑞芹，《德國外交文件有關中國交涉史料選譯》（一），頁 102。

〔註66〕 傅啓學，《中國外交史》（上），頁 152。

〔註67〕 *Die Grosse Politik*, V. XIV, p. 23；孫瑞芹，《德國外交文件有關中國交涉史料選譯》（一），頁 105。

〔註68〕 *Die Grosse Politik*, V. XIV, pp. 24～25；孫瑞芹，《德國外交文件有關中國交涉史料選譯》（一），頁 106。

〔註69〕 〈總署奏山東膠州海口形勢緊要擬建船塢屯紮兵輪摺〉，《清季外交史料》，卷25，頁 8～9。

持她的印象。〔註70〕德某的角色，也有神祕的色彩。〔註71〕不過，德國海軍再次調查的結果，卻認為福建之三沙灣有除了舟山群島之外，最優越的軍事價值，而且還自以為是，認為該地既沒有外國利益，也沒有中國利益。但德國外交部認為，和平環境下奪取任何中國港口，皆非上策，最好的時機就是中國人先給德國一個報復的理由，就可立即佔領三沙灣，以之作為抵押品，跟中國交涉割讓該地，而需要的藉口就在於傳教士方面。〔註72〕這可以說是德國在外交交涉失敗之後，用武力奪取中國領土腹案之正式成形。但是威廉二世還是派遣水利工程師去中國探勘膠州灣，而且在 1896 年（光緒 22 年）11 月 30 日就命令海軍提督克諾爾（Eduard von Knorr，1840～1920）規劃佔領膠州灣之事。〔註73〕而水利工程師福蘭西斯一行人調查了廈門、三沙灣、鼓浪嶼、舟山群島以北的兩個小島之後，作出的結論是這些地點都不適宜作海軍軍港；〔註74〕爾後，根據福蘭西斯 1897 年（光緒 23 年）6 月的調查結果，覺得位於山東半島南部的膠州灣最適合德國需要。〔註75〕在國際因素方面，德國原本最顧慮英、俄兩國。但英國考慮聯德制俄，默許德國在華北發展，兩國遂達成諒解。〔註76〕至於俄國，德國人評估俄國與膠州灣有密切的關係，尤其基於李鴻章於 1896 年（光緒 22 年）於聖彼得堡所簽署之《中俄密約》，俄國海軍曾在膠州灣過冬，所以就藉由德皇威廉二世於翌年 8 月訪問沙皇尼古拉二世的機會，當面確認德國租借膠州灣的可能性。俄國的答覆為：「在俄國沒有佔領另一個海港之前，她肯定地重視膠州灣的自由出入，但在此期間它將允許德國軍艦共同使用該港，而當它

〔註70〕 *Die Grosse Politik*, V. XIV, p. 37；孫瑞芹，《德國外交文件有關中國交涉史料選譯》（一），頁 117。

〔註71〕 劉彥《中國外交史》的說法：德國派遣德璀琳做為密使，與俄國密使伯爾諾福會議，唆使俄國在日本海軍擴張之前先行佔領旅順，而德國先佔領膠州灣，以資助俄國。惟此說法並未註明依據何史料而來。劉彥著；李方晨增訂，《中國外交史》（上）（臺北：三民書局，1979），頁 201。

〔註72〕 *Die Grosse Politik*, V. XIV, pp. 45～6；孫瑞芹，《德國外交文件有關中國交涉史料選譯》（一），頁 126～127。

〔註73〕 *Die Grosse Politik*, V. XIV, p. 47；孫瑞芹，《德國外交文件有關中國交涉史料選譯》（一），頁 128。

〔註74〕 *Die Grosse Politik*, V. XIV, pp. 41～43；孫瑞芹，《德國外交文件有關中國交涉史料選譯》（一），頁 131～133。

〔註75〕 *Die Grosse Politik*, V. XIV, p. 54；孫瑞芹，《德國外交文件有關中國交涉史料選譯》（一），頁 135。

〔註76〕 黃鳳志，《中國外交史，1840～1949》（長春：吉林大學出版社，2005），頁 185。

撤出膠州灣時，也將不反對將該灣交給德國佔領。」〔註77〕德國方面則以此認定，俄國已經默許德國佔領膠州灣，外交上既無後顧之憂，從此更加積極在暗中部署，尋求強佔膠州灣的藉口。

　　1897 年（光緒 23 年）11 月 1 日夜，山東省曹州府巨野縣（今菏澤市巨野縣）張家莊磨盤的天主教堂，遭到當地 2、30 來個手持短刀的土匪搶劫。彼等在一陣混亂中，看見 2 名因爲要去兗州天主教總堂參加「諸聖瞻禮」，借宿一晚的德國神父能方濟（Father Franciscus Nies，1859～1897）和韓理加略（Father Richard Henle，1863～1897），遂加以殺害。而張家莊教堂原本的神父薛田資（Georg Stenz，1869～1928），因爲讓出自己的臥房給兩位神父，陰錯陽差逃過一劫，倉惶逃往濟寧，電告德國駐華公使海靖（Edmund von Heyking），彼立即回報德國政府。這就是所謂「巨野教案」，又稱「曹州教案」。

　　案件發生後，德國公使海靖原本只是要求總署務必保護山東德國人生命財產，並嚴懲滋事者。〔註78〕駐德公使許景澄又報告了威廉二世派遣其弟亨利親王（Albert W. Heinrich，1862～1929）率領鐵甲艦東來的消息，〔註79〕且於 11 月 6 日命令駐紮吳淞的德國海軍提督棣利士率艦隊開到膠州灣，旋即佔領要隘、城市及其他據點。總署卻希望是場誤會，訓令許使向德國外交部查明，德國海軍佔領膠澳一事，是否乃海靖擅作主張。〔註80〕但是許的回報卻令清廷膽戰心驚，蓋馬沙爾告知許使，德相何倫洛熙業已聲明，「中國國家允行之事，外省大吏都不照准。德國須駐兵防護察看，後來所允效驗，否難以即退」。〔註81〕山東巡撫李秉衡（1830～1900）則斷定：「各國從無因一搶殺案不容辦理，立即動兵佔地之事，是其蓄謀已定，即無此盜案，亦將別起釁端。」〔註82〕德國政府訓令海使，對教士被殺案提出中國政府無法滿足的高

---

〔註77〕 *Die Grosse Politik*, V. XIV, p. 59；孫瑞芹，《德國外交文件有關中國交涉史料選譯》（一），頁 140。

〔註78〕 〈德使海靖致總署稱德教士在山東被劫請嚴懲照會〉，《清季外交史料》，卷 127，頁 16。

〔註79〕 〈使德許景澄致總署德主派王弟帶甲船快船赴華電〉，《清季外交史料》，卷 127，頁 23～24。

〔註80〕 〈總署致許景澄希詢德外部德兵上岸是否海使專擅抑奉訊條電〉，《清季外交史料》，卷 127，頁 19。

〔註81〕 〈使德許景澄致總署德相言德須駐兵防護難以即退電〉，《清季外交史料》，卷 127，頁 23。

〔註82〕 〈魯撫李秉衡致樞垣鉅野教案辦理甚速德竟圖占膠澳乞飭總署理論電〉，《清季外交史料》，卷 127，頁 18。

額賠償要求，藉以拖延時間。〔註83〕因此，1897 年（光緒 23 年）11 月 10 日，海靖向清政府提出六點無理要求，包括山東巡撫李秉衡撤職（因德國認爲其向來爲難德國）、賠償教堂損失白銀 3 千兩，中方代建教堂 3 座、降諭保護德國教士等等。雙方一時陷入僵局。此時，清廷一方面又有求於德國，極需其軍售與技術轉移，根據清廷駐德公使許景澄報告，可知在 1897 年底（光緒 23 年），中國尚派出呂調鏞等海軍軍官赴德國監造魚雷艇。〔註 84〕中國又向退休的巴蘭德求救，彼與許使通信、面晤討論此案以後，允諾至德外交部爲中國爭取退兵。〔註85〕1898 年初（光緒 23 年底），順天府尹胡燏棻（1840～1906）則建議清廷是否嘗試找俾士麥出面化解危機，蓋其「老成持重，決不願於數萬里外，與久敦和好之國，輕起釁端。」〔註 86〕事實上，俾斯麥的確反對占領膠州。而甫上任的外交大臣布洛夫則向議院報告，派兵來華只是保護教士，並非生事，仍會本著和好友誼與中國談判；〔註 87〕同時俄國外交部又轉告中國駐俄公使楊儒，聲稱接獲巴蘭德來電，周旋順利，惟需中國文牘爲證。〔註 88〕一時之間，德國退兵似乎在即，中國有了希望。未料，在談判過程中，海使一本強硬姿態，先是堅持「李秉衡屢違朝旨，不受中國政府之命，釀成巨案，請革職永不敘用」，〔註 89〕總署只敢力爭刪去『永不敘用』，同意將李革職，首開中國外交史上因列強有異議而革去東省封疆大吏官位的惡例。此事影響所及，不意日後美國公使康格（Edwin H. Conger，1843～1907）對東撫毓賢（1842～1901）不滿，要求撤換，而總署也照辦。可說是德國開例在先，美國因之在後。最後清政府在抗拒不成後，接受德國全部條件，在 1898 年（光緒 24 年）3 月 6 日簽訂《中德膠澳租界條約》，根據第一款：

---

〔註 83〕 Mühlhahn, *Herrschaft und Widerstand in der Musterkolonie Kiautschou*, p. 94.

〔註 84〕 《海防檔・甲・購買船礮》，第 539 號，頁 801。

〔註 85〕 〈使德許景澄致總署擬托巴蘭德疏導膠案電〉，《清季外交史料》，卷 127，頁 24。

〔註 86〕 〈順天府尹胡燏棻奏膠案請飭許景澄往見畢士馬克以期轉圜片〉，《清季外交史料》，卷 128，頁 11。

〔註 87〕 〈使德許景澄致總署德外部告議院派兵赴華係保護教士電〉，《清季外交史料》，卷 127，頁 32。

〔註 88〕 〈使俄楊儒致總署俄外部接巴電所商頗順願得公牘爲信電〉，《清季外交史料》，卷 127，頁 32。

〔註 89〕 〈總署奏議結曹州教案並商辦租借膠澳事宜摺〉，《清季外交史料》，卷 128，頁 13。

大清國大皇帝欲將中、德兩國邦交聯絡，並增武備威勢，允許
離膠澳海面潮平周遍一百里內，准德國官兵無論何時過調，惟自主
之權，仍全歸中國。如有中國飭令設法等事，先應與德國商定，如
德國須整頓水道等事，中國不得攔阻。該地中，派駐兵營、籌辦兵
法，仍歸中國，先與德國會商辦理。

諷刺的是，由於中國屈服，德皇原本已經同意其外交部、海軍部官員的
要求，取消佔領膠州灣的命令，但是艦隊已經出發。這顯示了德皇與海軍的
獨斷獨行，是德國帝國主義在中國發展的開始。易言之，1897 年（光緒 23 年）
的世界政策，事實上毫無總體計劃可言，正因為反反覆覆，反而不可預測又
充滿危險。〔註 90〕德皇威廉二世為此自詡佔領膠州的德軍為擁有鐵拳的「德
國傻瓜」（der deutsche Michel）。〔註 91〕1897 年（光緒 23 年）12 月 6 日，外
交大臣布洛夫在國會演講則說：「我們不想將別人推到陰影去，但是我們也要
求我們在陽光下的位置。（Wir wollen niemand in den Schatten stellen, aber wir
verlangen auch unseren Platz an der Sonne.）」。〔註 92〕

中德條約，使得山東不但成了德國的勢力範圍，而且也使得德國在山東
擴張有了國際法基礎，於是德國帝國主義發展有了可能，卻也劃定了範圍，
限制德國的帝國主義發展。〔註 93〕德國的強行「租借」膠澳，事實上是變更
為德國領土。這個條約自是給中國帶來無窮之禍害。原本德國政府在其內部
研究如何跟中國談判膠州灣問題時，希望以「租借」、而非「租界」的方式，
最後導致主權轉移來攫取該灣。德國內部文件舉出兩個例子：其一、1803 年
（嘉慶 8 年）時，瑞典將其所屬之維斯馬（Wismar）地區的漢薩市（Hanseatic
City）質押予德意志北部的小邦梅克倫堡——施威林（Mecklenburg-
Schwerin），用以貸款 1258000 塔勒（十五至十九世紀德國所用之銀幣），最後，
瑞典放棄贖回該區；其二、有些地區的主權也轉移予一些殖民地公司，例如
德國東非洲公司（Deutsche-Ostafrikanische Gesellshaft）就是最近的例子。若
在膠州灣問題中採用主權轉移的方式，就可以讓德國擁有所謂「租界者權利」
（Dominium Utile），可以任意使用膠州灣，而中國只是擁有「空洞的權利」

---

〔註 90〕 Mühlhahn, Herrschaft und Widerstand in der Musterkolonie Kiautschou, p. 96.
〔註 91〕 Mühlhahn, Herrschaft und Widerstand in der Musterkolonie Kiautschou, p. 97.
〔註 92〕 Christian Krockow, Kaiser Wilhelm II und Seine Zeit (Berlin: Siedler Verlag, 1999), p. 125.
〔註 93〕 Mühlhahn, Herrschaft und Widerstand in der Musterkolonie Kiautschou, p. 110.

（empty right; das leere Recht），如此主權轉移的方式也就比「租界」更有利於德國，因爲一方面德國可以預防其他競爭的列強在膠州灣獲得任何特權，另一方面德國亦可在該灣施行所有相關的利權。〔註 94〕前述即爲德方的談判企圖，雖然清廷官員再三拒絕，最後在德國武力威脅之下所簽署的約文，第一端關於膠州灣主權事宜，中文本作「膠州租界」，而德文本卻作「膠州之租借」（*Verpachtung von Kiaochow*）；而第一款所謂「自主之權」，德文本作 *Souveränität*，看來還相對應，可是第三款之「中國不得治理，均歸德國管轄」，其對應的德文本則作 *wird die Kaiserliche Chinesische Regierung (...) Hoheitsrechte nicht ausüben, sondern überläßt die Ausübng an Deutschland*，也就是說，德文本之意成爲「主權施用的轉移。」所以，當中方官員以爲其所談判的是「租界」時，一來在膠州灣事件之前，中國從來沒有何謂「租借」的觀念，二來德國公使海靖又刻意模糊兩者之區別，以致於中國連要研究中文對應之詞的機會都沒有。〔註 95〕最對中國不利者，乃是德國政府據此片面解釋隨著《中德膠澳租界條約》的簽訂，就表示膠州之主權已由中國轉移至德國。自此，膠州就被德國政府視爲德國各殖民地之中的其中之一，不但要將膠州當作德國領土來治理，甚至也將其主權延伸於當地的中國居民。〔註 96〕例如中德簽約後，德國方面即盛傳成立了專門負責膠州海岸的委員會，甚至建立了登記土地的公務單位。〔註 97〕對此，清廷似乎毫無所悉。

另外，第三款之規定，雖然德國在名義上允諾對中國、各國商船，「一律優待」，但實際上，既然德國得以管轄膠澳內海面，德國也就「無論何時，可以定妥章程，約束他國往來各船」，而且連中國船隻也不放過，這就讓其保留了對外船開放膠州灣與否的「權利」。這樣一來，也就牴觸了美國已在醞釀之中的對華政策，特別引起了美國的關注。

德國的帝國主義特質更在第一端第五款約文顯露無疑：若其放棄膠州，

---

〔註 94〕 Asada Shinji, "Colonizing Kiaochow Bay: From the Perspective of German-Japanese Relations," in Kudō Akira, Tajima Nobuo, and Erich Pauer (eds), *Japan and Germany: Two Latecomers to the World Stage, 1890～1945* (Folkestone: Global Oriental, 2009), p. 96.

〔註 95〕 Asada, "Colonizing Kiaochow Bay: From the Perspective of German-Japanese Relations," pp. 101～102.

〔註 96〕 Asada, "Colonizing Kiaochow Bay: From the Perspective of German-Japanese Relations," p. 102.

〔註 97〕 Berliner Gerichts-Zeitung, Mar. 8, 1898.

中國除了必須賠償其花費在膠州費用之外，還需「另將較此相宜之處，讓於德國。」這也就爲德國日後在中國擴展勢力，留下了伏筆。而德國獲得的山東戰略地帶，也使她得以覬覦潛力無窮的滿洲市場。〔註 98〕惟因後來的世局發展，中國倖免於再以此種方式「租借」領土予德國。但是凡此種種侵犯中國領土主權的約文，一旦爲其他列強知曉，中國自是窮於應付。

　　在剝奪中國經濟方面，第二端各項條款，舉凡建造鐵路、籌辦德商、華商所辦之鐵路公司、以及允許德國人在所建鐵路 30 里之內探勘乃至挖礦。如果鑒於當時中國實業能力之微弱，根本無力與德商競爭，況且還規定須優惠德商，實已讓其獨占山東各項重大經濟利權，使得該省淪爲其勢力範圍；而第一款所規定之「此後段鐵路經過之處，另立詳細章程內定明」，又使得德國後續強迫中國簽訂所謂《膠濟鐵路章程》，此是後話。

　　事實上，中德的條約談判，意外凸顯了美德在華商業利權的衝突。原來響應美使田貝在甲午戰後的呼籲，美國的合興發展公司東來，至遲在 1896 年（光緒 22 年）3 月即在北京戮力鑽營，希望在鐵路建築方面有所斬獲。費盡周折，終於以同英國合資方式在 1898 年（光緒 24 年）2 月取得修築津鎮路的利權，該路將經過山東而行。結果此利權卻與德國覬覦山東有所衝突。當時中德尚在爲膠州事件談判，德使海靖向清廷反對此計畫，更對英使坦白：以德國政府之見，山東必然成爲其獨有的商業省份。〔註 99〕英國外交部駭然，將事由通知駐德美使懷特，謂之「德國反對美國、英國合資所欲建造的津鎮路，理由爲該路經過山東省，而德國主張有權控制任何經過該省之鐵路，即使鐵路不在、甚或未毗鄰與其膠州租借地相連之土地。」〔註 100〕美國自亦焦慮，眼見英國對德交涉未果，及至中國正式「租借」膠州灣之後，發現德國出於經濟目的，將山東全境視爲德國的一省，如此則不論其對於膠州的自由港作何盤算，恐不欲以平等條件向舉世開放山東省。〔註 101〕

　　最後第三端之規定，在當時引起英國之強烈抗議，蓋其認爲此已違背了各國在華公平貿易之原則，德國則藉口：1895 年（光緒 21 年）6 月法國逼迫清政府與之先後簽訂了《續議界務專條》、《續議商務專條附章》等不平等條約，通過上述界約和商約，法國不但割占了中國雲南邊境一部分領土，復取

〔註 98〕LaFeber, *The Cambridge History of American Foreign Relations*, V. II, p. 137.
〔註 99〕Vagts, *Deutschland und die Vereinigten Staaten in der Weltpolitik*, V.II, p. 1028.
〔註 100〕Vagts, *Deutschland und die Vereinigten Staaten in der Weltpolitik*, V.II, p. 1028.
〔註 101〕Vagts, *Deutschland und die Vereinigten Staaten in der Weltpolitik*, V.II, p. 1029.

得了陸地通商減稅的特權，更爲甲午戰爭後列強勒索於中國之築路、開礦的利權，首開惡例。〔註 102〕既然類似之特權因此而賦予法國，現在德國在山東之行爲也只是比照辦理。英國則反向中國抗議：其已在 1895 年（光緒 21 年）當下就拒絕承認《中法會訂越南條約》所給予法國之特權，現在英國也要依「最惠國待遇」條款，要中國另作補償。〔註 103〕

事已至此，列強皆不落人後，俄國於同年 3 月底，立即強佔旅順、大連兩港，逼迫清廷簽訂「租地」專約、法國在 4 月初跟進，租借廣州灣並與清廷簽訂不割讓越南鄰省的照會、日本則在 4 月末強迫中國簽訂不割讓福建之照會、英國也在 7 月初簽訂「租借」威海衛的條約。尤其英國步德國之後而強租港灣，對美國無異於雪上加霜：蓋中德簽署條約後，英國人士在上海辦的《字林西報》（North China Daily News）旋即鼓吹「盎格魯——撒克遜在中國的團結」（Anglo-Saxon Unity in China），該專文援引許多美國人士的言論，認爲美國應該有更堅定的政策作爲，站出來與英國合作維護中國的開放口岸與商業自由，〔註 104〕英國如此行徑，田貝就向國務院報告：英國的行徑已然開啓了一切外國侵略中國的可能。因爲她自己拿了一份贓物，沒有資格再抗議。〔註 105〕這波由德國發起之在華劃分勢力範圍狂潮，極其可能將列強各自的勢力範圍迅速轉變成海軍基地所在之保護領，最後變成各國領土。果如其然，則所有如此轉變之處商業平等殆將消失，獨惠擁有國，進而原本因最惠國條款而在各地享有商業特權的美國終將被排斥在外。〔註 106〕一時之間，所有列強皆在中國佔據了勢力範圍，並且相互承認，獨有美國被拒於門外。這就形成了海約翰國務卿於 1899 年（光緒 25 年）9 月提出第一次「門戶開放」通牒時的中國情勢。

美國對德國佔領膠州灣的初步反應爲何？1898 年（光緒 24 年）元月底，美國駐華公使田貝就警告國務院：美國必須阻止德國與俄國，否則瓜分中國就會摧毀美國的市場，畢竟太平洋註定比大西洋還要有廣大的商機，我國在未淪爲殖民地的亞洲可找到最好的客戶。〔註 107〕雖然官方未明言，但是美國

---

〔註 102〕《續議界務專條》、《續議商務專條附章》約文，參見王鐵崖，《中外舊約章彙編》，頁 621～625。

〔註 103〕Keim, *Forty Years of German-American Political Relations*, p. 251.

〔註 104〕*North China Daily News*, Mar. 18, 1898.

〔註 105〕Vagts, *Deutschland und die Vereinigten Staaten in der Weltpolitik*, V.II, p. 1033.

〔註 106〕Bemis, *A Diplomatic History of the United States*, p. 470.

〔註 107〕LaFeber, *The Cambridge History of American Foreign Relations*, V. II, p. 138.

社會普遍懷疑德國的下一步動作是將其魔掌伸入薩摩亞群島與夏威夷，這樣就是直接在西半球威脅美國，因此社會各界更加敵視德國。德國否認了這些臆測，但是美國還是一時之間難以釋疑。〔註108〕而美國海軍部門，更是認為德國在中國膠州灣的侵略態度，預告了她在西半球的侵略行徑。〔註109〕美國第一時間的官方反應是與德國交涉，要釐清美國與中國簽訂的條約特權在膠州灣的適用問題。但是德國只是由外交大臣布洛夫給予美國大使懷特模糊的保證：「美國公民因與中國條約而獲得的權利與特權，在德國控制區域內將不會因此或以其他方式受損。」〔註110〕從美國與德國交涉的情形來看，至少德國不敢承認將膠州灣併吞，如此則美國至少消極方面也達到了不承認膠州灣為德國領土的目的。

進而言之，美國在當時表面上似乎接受列強在中國租借港灣、擁有勢力範圍的現實，其因有二：一者，沙俄與之有著龐大的貿易關係，而德國也保證在膠州灣公平對待美國商業；二者由於山東當局敵視基督宗教，且發生謀殺傳教士情事，美國疲於交涉抗議。〔註111〕直言之，美國客觀上與德、俄交好，至於引進列強勢力於山東，也有進一步鞏固列強基督宗教事業發展的效用，俾使山東官民怯於侵犯基督教士及外僑。

但是美洲方面，1897年（光緒23年）12月，就在膠州灣事件發生不久之後，德國卻與海地有了外交糾紛，而這次德國意圖以武力迫使海地就範，派了兩艘軍艦到古巴首都太子港外示威。事情的起因是德國人路德斯（Emil Lüders）因犯罪被古巴政府下獄，德國外交官交涉放人未果之後，德國要求古巴賠款 3 萬美金、釋放路德斯、並向德國外交官道歉，否則礮轟太子港。事件最後在美國介入，古巴全盤接受德國條件後落幕。對於這起事件，麥金萊政府低調處理，界定與「門羅主義」無關。〔註112〕雖然海地事件與膠州灣事件看似無關，卻顯示了德國世界政策的侵略本質，何況德國外交大臣布洛夫

---

〔註108〕 *NYT*, Dec. 21, 1897.

〔註109〕 William Reynolds Braisted, *The United States Navy in the Pacific, 1897～1909* (Austin: University of Texas Press, 1958), p. 20.

〔註110〕 Mr. Hay to Mr. White, Sept. 6, 1899, *FRUS 1899*, p. 129.

〔註111〕 Vagts, *Deutschland und die Vereinigten Staaten in der Weltpolitik*, V.II, p. 1025.
美俄貿易方面，茲以海參崴港為例，該港進口的美國貨物從1897年度的12,641噸重提升至1898年度的51,927噸重，而貿易金額也從1897～1898會計年度之前的130,177美元驟升至1,101,960美元。

〔註112〕 Keim, *Forty Years of American-German Political Relations*, pp. 276～277.

在同年12月也說：「我們在東亞以及西印度群島……都要保護我們的利益」，
〔註113〕卻激起美國繼續懷疑德國的真正企圖，並且成為美德關係中日益不安
的因素。美德關係真正因「門羅主義」而引起雙方緊張，則是1902年（光緒
28年）的委內瑞拉事件。〔註114〕

　　而美國更大的動作，則是在1898年（光緒24年）4月發動了「美西戰爭」
（Spanish-American War）。雖然戰爭的主因是因為西班牙在其古巴殖民地採取
高壓血腥的統治，使得美國社會同情古巴已久，但是戰爭範圍除了在古巴爆
發以外，也在西班牙亞洲的殖民地菲律賓兵戎相見。戰爭初起之際，德國方
面原本還不相信美國會與歐洲國家發生戰爭，外交大臣布洛夫就說：「附帶一
提，我原本不相信山姆大叔與唐吉珂德之間會有戰爭，也不相信可憐西班牙
攝政女王的失敗。」〔註115〕由於西班牙與德國同為歐洲國家，也是君主立憲
體制，在開戰之初即獲得德國同情，蓋德國政府就極憂心戰爭可能的衝擊：
一、戰爭可能會對舉世的君主專制原則有所衝擊，以及因之而來對西班牙造
成的後果；二、美國若獲勝，可能會對歐洲均勢、特別是殖民勢力帶來負面
的影響；三、德國又唯恐美國自此會在全球事務上佔據太重要的地位，因此
只要任何有助預防上述情形的行動，德國都會參與，但是決不會是發起國，
以免遭致美國的怨恨。〔註116〕因此德國想要使歐洲國家用集體調停的方式，
使戰爭結束，就「必須要避免任何看起來像是無謂的反美夥伴關係，而且也
只能在其他國家都比我們先行動之後才可以參加調處行動」，〔註117〕故在發給
駐奧公使的訓令，表明須避免引起美國不悅的反應，而且必須英國、法國、
俄國與德國一致，才可以進一步行動。〔註118〕易言之，德國希望奧國可以發

〔註113〕Krockow, *Kaiser Wilhelm II und Seine Zeit*, p. 125.

〔註114〕1902年，由於委內瑞拉政府未償還英國、德國、義大利等國的貸款，又拒絕
　　　　仲裁，英國與德國在事先通知美國政府並獲得首肯之後，聯合派出海軍封鎖
　　　　委國港口並佔領若干地點，以逼迫委國還錢。但是羅斯福總統礙於國內反德
　　　　民意的壓力，派出龐大艦隊至加勒比海示威，並要求英國、德國先撤軍。英
　　　　國、德國後來同意撤軍。

〔註115〕美西戰爭時，西班牙是由奧國皇室出身的克利斯提納（Maria Christina，1858
　　　　～1929）皇后攝政。布洛夫原文為：Ich glaube übringes noch nicht an den Krieg
　　　　zwischen Uncle Sam and Don Quichotte, auch nicht an der Fall der armer
　　　　Königen Regentia. 轉引自 Gottschall, *Germany and the Spanish-American War*, p. 9.

〔註116〕Lester B. Shippee, "Germany and the Spanish-American War," *The American
　　　　Historical Review*, V. 30, no. 4, Jul., 1925, p. 763.

〔註117〕*Die Grosse Politik*, V. IX, pp. 20～21.

〔註118〕*Die Grosse Politik*, V. XV, p. 3.

起聯絡，使得英國或法國先提議干涉，〔註119〕對於駐美大使和利本，也訓令只有歐洲主要國家參與調處，德國才可參加，而且不得激起歐洲列強或者美國對德國的不信任。〔註120〕但是歐洲列強卻都不願意予美國發起干涉的印象，沒有一國願意出面，以致於當西班牙直接要求德國出面調停時，布洛夫外交大臣卻回答，必須先等法國表明不論俄國態度為何，法國都會與德國合作時，德國才能有所行動。〔註121〕但在4月第一週，德國與法國因為持有巨額的西班牙債券，卻又不得不領導歐洲國家討論如何調停並避免戰爭。〔註122〕此時德國謹慎的態度，也有經濟層面的因素：雖然次於英國，但她同美國的進出口貿易皆超越任何歐洲國家，而美國實施的丁格萊法案又授權美國總統，對於互惠的國家可以降低關稅，故德國深怕刺激美國的舉動會造成不利的後果。〔註123〕於是德國又暗中發起由教宗出面調處美西之間的緊張。〔註124〕美西馬尼拉海戰的隔天，亦即5月1日，德國媒體就認定美國動機不單純，勢必會先佔領馬尼拉灣，再圖謀佔領整個馬尼拉市。〔註125〕到了5月底，美國與西班牙在馬尼拉陷入僵局，而德國輿論認為，戰事持久使得西班牙需要付出更大的代價結束戰爭，而且當下獲得和平的希望也幻滅，但是美國方面也對此僵局極為不滿。〔註126〕不過，西班牙必敗的情形已經很清楚了，德國就改變了主意，想要取得菲律賓的部分領土，在亞洲更進一步發展殖民地。而造成德國這種盤算的部分原因，卻是美國駐德大使懷特在未經國務院指示下，私自向德國外交部表示美國沒有東亞領土野心，〔註127〕同時擔任德國東亞艦隊司令的亨利親王則說，接獲菲律賓德商報告：該島居民樂於將自己置於德國保護之下，而德國駐馬尼拉領事也有類似的報告。〔註128〕於是德皇與布洛夫等大臣商量後，決定派遣艦隊去菲律賓戰地實際調查，這就是德國東亞艦隊出現在馬尼拉灣的由來。德國以為菲律賓戰爭可能有三種後果：一、若英美達成共識，則菲律賓問題就會定案。因此，若能勸阻英國不贊成，則

---

〔註119〕 *Die Grosse Politik*, V. XV, pp. 6～7.

〔註120〕 Shippee, "Germany and the Spanish-American War," p. 757.

〔註121〕 Shippee, "Germany and the Spanish-American War," pp. 759～760.

〔註122〕 LaFeber, *The Cambridge History of American Foreign Relations*, V. II, p. 143.

〔註123〕 Shippee, "Germany and the Spanish-American War," p.755.

〔註124〕 *Die Grosse Politik*, V. XV, pp. 18～9.

〔註125〕 *Berliner Tageblatt und Handels-Zeitung*, May 2, 1898.

〔註126〕 *Berliner Tageblatt und Handels-Zeitung*, May 27, 1898.

〔註127〕 Bemis, *The American Secretaries of State and Their Diplomacy*, V.IX, p. 100.

〔註128〕 Shippee, "Germany and the Spanish-American War," p. 764.

美國自無法保有該群島，也就無由支配海洋要道；二、菲律賓也可能分裂；三、菲律賓獨立建國，並由列強海軍達成共識，保證其領土完整成為中立國。而在歐陸列強都關注菲律賓的情形下，德國需避免造成對抗她的聯盟出現，特別是英美的同盟。〔註 129〕於是在 6 月中，遠比美國海軍強大的德國鐵甲艦隊來到馬尼拉海面，窺伺有無任何攫取領土的機會，但是該艦隊並沒有與美國衝突的打算，事實上，英國、日本、法國也都派出了海軍，在附近觀望，只是艦隊規模不能跟德國比。此時，西班牙又直接向德國、法國、俄國建議，或由列強至少控制馬尼拉，而德國駐菲領事克魯格（Krüger）也回報：西班牙總督欲將馬尼拉交給時在菲律賓海域的某一列強託管，這就予德國覬覦馬市的希望，但是一方面因為克魯格也回報英國與美國已達成默契，另一方面因為巴黎與聖彼得堡皆反應冷淡，故德國也不敢妄動，以致於同月底，雖然德國尚未完全放棄菲律賓某些區域中立化的盤算，但是就沒原本迫切了。7 月，德國認為或許瓜分美國戰利品是手不落空最好的方式，因此訓令和立本向華盛頓勸說：鑒於英國在歐洲與法國與俄國對立，存在戰爭風險，勢必想與美國結盟。但是美國若想要保持美西戰爭的收穫，應該認清德國比英國有助益。德國亟需澄清者：一、美國媒體對德國的攻擊，皆為英人挑撥；二、與德國這樣一個殖民地遠不及英國的國家達成諒解，可以為美國帶來安全感，但若美國與英國結盟，就會有捲入歐戰的風險，因為在英國與法、俄的對立中，德國保持中立，若英美結盟之情事出現，德國將被迫加入對立陣營，如此也就會將美國陷入歐洲政治的漩渦，美國不但須大幅增加軍備，而其政治制度的未來也受到了威脅。同時，德國駐英大使哈茲菲爾德也向美國駐英大使海約翰提出類似的分析。〔註 130〕但是德國的遊說，卻始終未打動華盛頓當局。德國報紙又報導，美國馬尼拉戰役之意外，則是菲律賓叛軍開始對美軍也有敵意。〔註 131〕美國方面，對於美西戰爭，儘管懷特大使認為美德之間的惡感是基於誤解與挑撥，希望事情盡快結束，兩國回復原本的友好關係。但是《泰晤士報》認為美國大眾恐難接受懷特的看法。〔註 132〕

　　德國政府卻沒衡量到，美國艦隊司令杜威（George Dewey，1837～1917）對德國艦隊到來的動機，始終感到困擾。尤其德國艦隊之進入馬尼拉海域，

---

〔註 129〕Shippee, "Germany and the Spanish-American War," p. 765.
〔註 130〕Shippee, "Germany and the Spanish-American War," pp.767～769.
〔註 131〕*Berliner Tageblatt und Handels-Zeitung*, Jul. 31, 1898.
〔註 132〕*The Times*, Mar. 08, 1899.

看似我行我素，直接挑戰了杜威執行交戰國封鎖敵國海岸的國際公法權利，杜威為此親自與德國艦隊司令棣利士（Otto von Diederichs，1843～1918）交涉。在當時的馬尼拉海域，似乎存在一種美國與德國海軍對峙的情形，因此美國媒體對德國也是一片撻伐聲。美使懷特遂向德國政府探詢艦隊的意圖，而德國外交部向之保證，德國只是想要保護其在菲律賓的利益，並且否認了歐列強干涉的可能，但是懷特也報告了德國對菲律賓領土猶未死心。其實，德皇此時已經明白，德國在美西戰爭所獲至多只有一、二處補煤站，因此需另求補償。〔註133〕

　　美國之發動美西戰爭，主要就是深怕德國等列強從 1897 年（光緒 24 年）末開始，在中國的瓜分勢力範圍行動，會完全摒除美國在外，使美國成為孤立無助的外人，所以兼併菲律賓就可以確保美國在太平洋的影響力並促進她的貿易。〔註134〕就地緣政治而言，菲律賓可成為美國在遠東的香港、膠州、旅順，該群島有一連串的島嶼基地與電纜站，可與美國的太平洋岸聯絡，利於實行美國傳統的對華政策—維護中國的獨立與領土完整。〔註135〕易言之，美國出動海軍攻擊菲律賓的主要目的，就是麥金萊政府為了在亞洲也取得一個前進中國的基地，做為美國的香港，成為美國貨物進出中國的中心，也是美國的軍事中心。〔註136〕道德上，美國自認兼併菲律賓是個大好機會，可以不用參與瓜分中國、又不會不義於菲律賓人民，就能夠部分均衡歐洲列強在中國之地位。〔註137〕因此麥金萊總統向國會要求兼併菲律賓，並提出基於夏威夷是通往馬尼拉與上海之必要軍事基地，也應一併兼併。總統的要求獲得國會三分之二議員的同意。〔註138〕美國駐曲阜領事佛勒（John Fowler）就將美國星條旗在菲律賓升起一事，與德國佔領膠州、英國租借威海衛，沙俄租借旅大、法國強租廣州灣相提並論。〔註139〕美國前國務卿科士達則以為：「太平洋既已變成文明世界利益所在區

〔註133〕Shippee, "Germany and the Spanish-American War,"p.773.

〔註134〕Paul A. Varg, America, from Client State to World Power: Six Major Transitions in United States Foreign Relations (Norman: University of Oklahoma Press, 1990), p. 101.

〔註135〕Bemis, A Diplomatic History of the United States, p. 471.

〔註136〕McCormick, China Market, p. 107.

〔註137〕Hosea B. Morse and Harley F. McNair, Far Eastern International Relations (NY: Houghton Mifflin, 1931), pp. 435～436.

〔註138〕LaFeber, The Cambridge History of American Foreign Relations, V. II, p. 148.

〔註139〕福森科著；楊詩浩譯，《瓜分中國的鬥爭和美國的門戶開放政策，1895～1900》，頁 113。

域，所以美國獲得在太平洋亞洲這邊的商業與控制據點，對美國未來的繁榮不但適當，而且必要。」〔註140〕俄國的重臣維特就認爲：「如果美國沒有看到東亞有這些事，就不會無論如何都要拼死佔領菲律賓。」〔註141〕對於美西戰爭的結果，西奧多‧羅斯福就表明：「美國政治就是世界政治（American politics is world politics.）。」〔註142〕

　　事實上，當時的美國就已有人士主張對德國需嚴加防範。美西戰爭結束後，美國考量到菲律賓可能落入日本或某個歐洲列強之手，促使美國將這一地區直接納入其勢力範圍。〔註143〕例如美國的亞當斯兄弟對於美德關係的趨向，皆有所預測。1897年（光緒23年），亨利‧亞當斯就預言了德國強權的新興，因之主張美國與大西洋沿岸的歐洲國家應當締結文化、政治方面的「大西洋同盟」（atlantische Gemeinschaft），以作因應；布魯克斯‧亞當斯則以爲柏林——莫斯科——北京有可能成立一個歐亞大陸集團，如此則華盛頓必須與倫敦結合成一個海權國家集團，以資抗衡。〔註144〕布魯克斯‧亞當斯甚且認爲，歐洲人無法瞭解美國有何等巨大的經濟潛力，足足可以反對從萊茵河至黑龍江成立的歐亞大陸集團。而美國人的世界政治是凌越純歐洲、純美洲的世界政治，因此，麥金萊總統與西奧多‧羅斯福之所以在菲律賓升起美國星條旗，就是表明美國的決心，在亞洲事務方面，美國也是與其他列強具有平等權利的參與者。〔註145〕

　　然而對於兼併菲律賓，美國持異議者則認爲占有菲律賓是美國外交最嚴重的失策，蓋此舉立即導致美國陷於亞洲政治、更經由亞洲政治陷入歐洲政治，最後導致一長串未來的外交失策；第二個在東方最嚴重的失策則是在英國鼓動下宣布門戶開放政策。〔註146〕

　　鑒於美西戰爭時期的美德關係，並不和睦，除了美國憎恨德國強取膠州

〔註140〕John Foster, American Diplomacy in the Orient (Taipei: Ch'eng Wen Publishing Company, 1968), p. 406.

〔註141〕Die Grosse Politik, V. XV, p.432.

〔註142〕Silberschmidt, "Die Vereinigten Staaten von Amerika-die Grossmacht zwischen Europa und Asien," p. 606.

〔註143〕Kindermann, Der Aufstieg Ostasiens in der Weltpolitik, p.57.

〔註144〕Silberschmidt, "Die Vereinigten Staaten von Amerika-die Grossmacht zwischen Europa und Asien," p. 607.

〔註145〕Silberschmidt, "Die Vereinigten Staaten von Amerika-die Grossmacht zwischen Europa und Asien," p. 607.

〔註146〕Bemis, A Diplomatic History of the United States, p. 482.關於美國的「門戶開放」政策，詳見下節分析。

灣行徑，兩國之間一如本章第一節所言，又重新因為豬肉產品以及薩摩亞問題，爭執迭起。〔註147〕而整個歐陸上，似乎瀰漫著第二次德法戰爭、甚或俄國與土耳其戰爭的風雲，所以歐洲列強也沒有時間顧及西班牙。〔註148〕美西戰爭可說是德國與美國第一次的重大緊張對峙事件。〔註149〕

　　但是無論如何，一旦美國在同年12月的巴黎談判中，確定兼併了菲律賓之後，德國很快就撤走了艦隊。而美國不但獲得菲律賓，值得注意的是，同時也因為在天津駐紮了軍艦，復在北京的美國公使館佈署了軍隊，麥金萊總統在在顯示出美國在東亞也是有共同利益的列強成員。〔註150〕對於德國引起之瓜分中國這種日益緊張的情勢，1898年（光緒24年）12月5日，麥金萊總統在其致國會的年度國情咨文裡，就說明：

　　　　美國向來皆不是中國刻正發生重大事件之漠不關心的旁觀者（an indifferent spectator），經由這些事件，中國濱海省份的部分領土轉由不同的歐洲列強控制；但是在這些區域，因為我國公民之活力與我國為了中國使用而製之大宗產品的必要性，所累積造成的巨量商業的前景，卻沒有受到這些新佔領者獨占條約的侵害，也就消弭了我國成為當地參與者（an actor in the scene）之必要。在列國中，我國之地位為擁有廣茂的太平洋海岸並持續擴張對遠東的直接貿易，賦予我國在這一方面被重視與友善對待的權利，這也正是本人的目標，藉由各種適當於我國傳統政策的方法，來促進我國在該地區的重大利益。膠州、威海衛、旅順、大連的領土分別以數十年約期租借予德國、英國、俄國，而該等國家業已宣布，會將該等港口在外國佔領期間向國際商業開放。如果沒有對美國公民以及其貿易歧視待遇之發生，或自此發展出此類情事，則我國政府的願望可說已經實現。〔註151〕

　　但是另一方面，麥金萊總統也暗示了美國順勢介入中國事務之可能性：

　　　　同時，鑒於瀰漫中國某些省份之根深蒂固、反對以及歧視外國人的情緒的騷動與復燃，有正當理由相信這種不安的存在。就如同

〔註147〕Thomas A. Bailey, *A Diplomatic History of the American People* (New York: Appleton-Century-Crofts, 1964), p. 466.

〔註148〕Bemis, *A Diplomatic History of the United States*, V.II, p. 436.

〔註149〕Klaus Hilderband, Das Vergangene Reich (Stuttgart: Deutsche Verlags-Anstalt, 1996), p. 207.

〔註150〕Brandenburg, From Bismarck to the World War, p. 123.

〔註151〕Message of the President, Dec. 5, 1898, *FRUS* 1898, p. lxxii.

一八九五年在四川與福建古田攻擊我國公民的案例，已經訓令美國
公使對於受到威脅的美國利益，在地方與中國帝國皆要有最充分的
保護措施，而且對於個人或財產有不法傷害之情事時，就要要求對
於案情適當之賠償。爲了更機動觀察甚至已經侵入中國首都的騷
動，我國軍艦已經在天津駐紮，以便若有必要時有立即行動之地位，
而且一隊海軍陸戰隊也被派入北京，賦予我國公使一樣權威的保
護，就像其他國家的代表被迫所運用一樣的道理。〔註 152〕

在這篇國情咨文裡，麥金萊總統暫且表達了美國政府對德國、英國、俄國保
證開放港口的信任，實際上卻在暗中研究，要如何讓美國也能成爲中國當地
參與者，而非只是旁觀者之角色。特別値得注意的是，麥金萊總統雖未言明
「中國某些省份」爲何，很顯然其最重要關切之省份必屬山東無疑。山東省
當時既有三個列強盤據了重要的港灣，美國政府在處理涉及山東問題時，自
得小心謹慎。尤其山東省的沂州（今之臨沂）是美國長老會（American
Presbyterian Mission）的重大基地，該教會實爲美國在山東最大的教會勢力，
在 1891 年（光緒 17 年）爲止，在魯省就有五大教區，登州教區、煙臺教區
（1862 年、同治元年）、濟南教區（1872 年、同治 11 年）、濰縣教區（1882
年、光緒 8 年）、沂州教區（1891 年、光緒 17 年），而這五大教區下轄 130 個
分會、18 處教堂、教士 20 人、教徒 2,328 人；1892 年（光緒 18 年）時，美
國長老會又向山東南部擴張，成立濟寧教區；1898 年（光緒 24 年）也在青島
成立教區。〔註 153〕很明顯的，美國長老會與新進崛起之德國聖言會基本上有
著競爭關係，各自爲自己母國政府追求利益。從這個角度來看，1898 年（光
緒 24 年）10 月、11 月之間，在沂州也接連發生了搶劫美國教士、攻擊教民、
焚燒教堂之暴動，〔註 154〕而沂州也籠罩在聖言會勢力範圍內，而美國總統是
不可能忽略美國國內美國長老會龐大勢力的呼籲，所以山東就演變成了美德
在中國之雙邊關係一個重大而敏感的地方。這點下章再談。

　　柏林方面，人們原本普遍樂觀地以爲德國必能在南中國海獲得至少一處
補煤站，但是一旦確定美國將保有菲律賓後，失望也就愈大。〔註 155〕即使探
詢倫敦是否可將菲律賓中立化，由於英國此時既定的政策就是絕不激怒美

〔註 152〕Message of the President, Dec. 5, 1898, *FRUS* 1898, p. lxxiii.
〔註 153〕安作璋主編，《山東通史》（下），頁 564。
〔註 154〕張玉法，《中國現代化的區域研究：山東省（1860～1961）》，頁 223。
〔註 155〕*Die Grosse Politik*, V. XV, p. 40.

國，因此沙侯不想討論此問題，〔註156〕而且德國此時又從馬德里方面得知，西班牙只想將其東亞屬地盡可能高價賣出，至於法國也可能利用其與西班牙的良好關係干涉菲律賓問題，並得其所願。〔註157〕德國輿論除指出菲律賓之重要外，甚至諷刺「洋基佬」根本不承認自己的歐洲族譜。〔註158〕（Die Yankees erkennen seinen Stammbaum nicht an）。但是德國也認知到，美國在獲得了菲律賓這個前進中國的基地後，不但成為了東亞的強權，在中國事務上更有發言的份量，而且美國也提升到了世界強權的高度。例如後來的德國駐美大使柏恩斯多夫（Johann von Bernstorff，1836～1939）就回憶，華盛頓原本是歐洲屆退外交官的聖地，大家在此只是平和的等待退休，美西戰爭後，局勢改觀，歐洲各國紛紛派出最幹練的外交官到華盛頓任職。〔註159〕而美西戰爭另一個結果，就是美國也順勢兼併了夏威夷，部分原因是由於日本在中國受到德國和俄國的挫敗後，也歡迎美國勢力進入太平洋。〔註160〕但是在美國獲得菲律賓以後，海權大師馬漢卻仍然呼籲美國應該和英國、德國在亞洲合作。〔註161〕

　　美西戰爭以後見之明來看，實質上卻比原本認知的還要危險。根據2002年德國《時代報》（Zeit）記者席茲（Henning Sietz）發現的第二帝國海軍檔案，在1897年（光緒23年）至1898年（光緒24年）的多天，德皇威廉二世為了切斷美國對太平洋、加勒比海、南美洲等地日益壯大的影響力，使得德國能在上述地區取而代之，就下令海軍部研擬奇襲美國的作戰計畫。作戰的目的在於逼迫美國就範，使德國佔具優勢的談判地位，而不是征服美國。海軍部最先決定奇襲美國維吉尼亞等州的海軍基地，癱瘓美國海軍，並在加勒比海建立海軍基地，可是德皇發現德國沒有規模足以執行此任務的海軍，而且經費也不足，兼之1898年（光緒24年）3月，美國已經攻入菲律賓，德皇乃先盼望美國在彼處戰敗。及至同年4月，美國卻已經牢牢掌控了太平洋的菲律賓、關島、夏威夷、薩摩亞以及加勒比海的波多黎各，德國已經不可能在加勒比海地區建立海軍基地，於是捨棄這個最初的海軍計畫。1899年（光緒

〔註156〕 *Die Grosse Politik*, V. XV, pp. 69～71.
〔註157〕 *Die Grosse Politik*, V. XV, pp. 72～73.
〔註158〕 *Berliner Tageblatt und Handels-Zeitung*, Dec. 12, 1898.
〔註159〕 Reinhard R. Doerries, *Imperial Challenge* (Chapel Hill: The University of North Carolina Press, 1989), p. 14.
〔註160〕 LaFeber, *The Cambridge History of American Foreign Relations*, V. II, p. 148..
〔註161〕 Alfred Thayer Mahan, *The Problem of Asia: Its Effect upon International Politics* (New Brunswick: Transaction Publishers, 2003), p. 89.

25 年）3 月，德國又擬定第二個海軍計畫，這次是以德軍直接登陸美國東岸，攻擊波士頓、紐約等地，企圖造成美國民心的驚恐。只是如此的龐大計畫，需要 60 艘戰艦、10 萬陸軍部隊、以及運載人員、武器的無數船隻，並且要在 25 天之內從德國本土抵達美國東岸。對於如此規模驚人的計畫，德國參謀總長希利芬元帥（Alfred von Schlieffen，1833～1913）則向德皇報告，10 萬德軍佔領波士頓沒問題，但是佔領 300 萬人口的紐約，就需要更多的軍隊。事實上，希利芬元帥是以進為退，令德皇知難而退。此後，直至 1903 年（光緒 9 年）為止，德國又制定了幾次作戰計畫，但是一方面因為這些計畫根本非德國財力、人力可以負擔，另一方面，最根本的原因就是隨著時間流逝，美國海軍已經茁壯到世界強權的行列，德國也就失去先發制人的機會。〔註 162〕是以，德國完全放棄了用海軍打擊美國本土的戰略構想。

1898 年（光緒 24 年）8 月，關於德國海軍先制打擊美國的問題，德國外交部參事霍斯坦因（Friedrich von Holstein，1837～1909）〔註 163〕也曾經詢問德駐英大使哈慈菲爾德：英國是否會與美國結盟？德國海軍可否攻擊美國東岸？〔註 164〕哈慈菲爾德則表明：英國對於美國與德國，希望能結合美國的海軍力量與德國的陸軍實力，如此英國才能免於俄國與法國的威脅。因此，英國絕不願看到德國與美國開戰，德國不如運用英國對華盛頓的影響力，使得美國不會在山東找德國麻煩。〔註 165〕

無論如何，在 1897 年（光緒 23 年）底，德國強佔膠州灣開始，由於與美國的種種利益衝突，可能使得德皇以及他的重要大臣覺得，長此以往，勢必與美國一戰，因此不如先發制人，藉戰爭手段來達到美德雙邊關係中的支配地位，徹底解決雙方的矛盾，取得德國的重大利益。終究礙於現實，無法實行德皇的瘋狂計畫。然而德國佔領並強索膠州灣的事件、美西戰爭中的態度、同時採取的薩摩亞政策、1898 年（光緒 24 年）6 月向西班牙購買卡洛琳、帛琉、馬里亞納群島的擴張行徑，不但加深了德國與英國、俄國的鴻溝，也刺激美國。〔註 166〕

〔註 162〕 Henning Sietz, "In New York wird die größte Panik ausbrechen: Wie Kaiser Wilhelm II. die USA mit einem Militärschlag niederzwingen wollte," *Zeit*, May 8, 2002.

〔註 163〕 1867 至 1868 年間，霍斯坦因在普魯士駐華盛頓公使館任職，對美國有一定程度瞭解。

〔註 164〕 Holstein, *Die Geheimen Papiere Friedrich von Holsteins*, V.IV, p. 82.

〔註 165〕 Ibid, pp. 82～3.

〔註 166〕 Hilderband, Deutsche Aussenpolitik, p. 29.

## 第四節　美國的正式反應：第一次「門戶開放」政策通牒

現在，本節先回顧美國在華提出「門戶開放」政策（Open Door Policy）的歷史背景，而滿洲（中國東三省）的重要性尤須注意。

美國官方組織初入滿洲是藉由 1858 年（咸豐 8 年）的《天津條約》、1860 年（咸豐 10 年）的《北京條約》議定，中國加開 16 處通商口岸，其中的牛莊（營口）即位在滿洲，美國即援引約文，在牛莊設立領事館。及至美西戰爭後，從地緣政治的角度而言，中國東北的重要性益發重要。

此時的滿洲，對美國有何意義可言呢？美國主要的重心即為商業利益。出口大宗，輕、重工業產品都有。比方說，美國的棉花紡織工業出口到滿洲的金額，到了 1899 年（光緒 25 年）已超過 430 萬美元之鉅。雖然整體而言，美國此時貨運至滿洲的噸數只有 2,100 噸，較英國的 18 萬 4,997 噸相形之下，直如小巫見大巫，[註167] 就整體出口額來看，美國出口至中國（不限滿洲）的棉製品，從 1895 年（光緒 21 年）的 170 萬美元成長到 1896 年（光緒 22 年）的 400 萬美元、再成長到 1897 年（光緒 23 年）的 740 萬美元；[註168] 1898 年（光緒 24 年）元月，美國出口至中國的煤油已經達到 450 萬美元，而且對於麵粉、鋼鐵等產品，中國似乎是個無限大的市場。[註169] 英國人貝爾斯福德（Charles Baresford，1846～1919）則指出，美國出口至中國的棉製品從 1887 年（光緒 13 年）至 1897 年（光緒 23 年）這十年間，貨物量增加了 121.11%，總值則增加了 59.45%，而同期英國的相同產品貨物量減少了 13.77%，總值也減少了 7.9%。[註170] 美國輸往中國的麵粉，也在大幅成長，因為愈來愈多中國人習慣食用美國麵粉，而美國各式機械也大量銷往中國。值得一提的是，俄國在商業上亦是美國產品的大客戶，連其在滿洲建造的鐵路，舉凡鐵軌、軌枕、鐵道機車，全部都向美國進口。[註171] 尤其是俄國的鐵路企業，主要仰賴美國，也自美國進口大量的鋼軌、火車頭等設備，使得

---

〔註167〕Alexander Hosie, Manchuria: Its People, Resources and Recent History (London: Methuen & Co, 1901), pp. 252～256, 259～260.

〔註168〕LaFeber, The Cambridge History of American Foreign Relations, V. II, p. 136.

〔註169〕LaFeber, The Cambridge History of American Foreign Relations, V. II, p. 169.

〔註170〕Charles Beresford, The Break-Up of China (New York: Harper & Brothers, 1899), pp. 444～445.

〔註171〕Beresford, The Break-Up of China, p. 445.

巴爾的摩、費城等地的廠商，訂單源源不絕。〔註172〕例如在 1899 年（光緒
25 年），沙俄政府跟美國的馬利蘭鋼鐵公司（Maryland Steel Company）簽訂
合同，購買 8 萬噸的鋼軌，用作修建在滿洲的中東鐵路之用；截至該年，計
有 400 座以上的美製火車頭，賣給了俄國。〔註173〕美俄貿易的官方統計也可
能失眞，實際貿易量更遠大於官方統計。例如俄國自美國進口的棉製品，半
數以上是經由英國轉手貿易，而許多美國機械則由德國仲介出口到俄國。〔註
174〕美國只有煤油出口呈下滑趨勢，這是因爲俄國與蘇門打臘煤油業的興起。
但是根據牛莊海關統計，美國進口產品已佔該海關所有外國進口產品的 50%，
可知美國貿易在華北日趨增加的質量與重要性。〔註175〕

　　進一步探討 1898 年（光緒 24 年）、1899 年（光緒 25 年）這兩年美國在
滿洲貿易情形之前，筆者須先換算英鎊對中國海關銀的匯率：1898 年（光緒
24 年）約爲 1 英鎊兌換 6.931 中國銀，1899 年（光緒 25 年）則爲 1 英鎊兌換
6.643 中國銀。〔註176〕參考下列表 12，可以證明當時在棉製品方面，美國已
經超越英國，成爲輸入滿洲各類棉製品的最大進口國：

表12　1898、1899 年各國棉製品進口滿洲統計表

| 棉製品 | | 1898 年 | | 1899 年 | |
|---|---|---|---|---|---|
| | | 件數 | 價值（英鎊） | 件數 | 價值（英鎊） |
| 襯衫棉 | 美國 | 625,982 | 310,789 | 1,101,765 | 588,674 |
| | 印度 | 9,730 | 3,930 | 14,050 | 6,188 |
| | 英國 | 5,330 | 7,520 | 11,911 | 6,159 |
| | 日本 | 260 | 112 | 7,810 | 3,527 |
| | 中國 | — | — | 34,900 | 16,223 |
| 長　褲 | 美國 | 3,380 | 1,430 | 29,630 | 13,380 |
| | 英國 | 13,560 | 5,145 | 9,250 | 3,660 |
| | 荷蘭 | — | — | 1,680 | 632 |

資料來源：Hosie, *Manchuria*, p. 255.

---

〔註172〕Beresford, The Break-Up of China, p. 445.
〔註173〕Bailey, America Faces Russia, p. 172.
〔註174〕Bailey, America Faces Russia, p. 172.
〔註175〕Beresford, The Break-Up of China, p. 446.
〔註176〕這組匯率係根據牛莊海關統計資料而得，參見 Alexander Hosie, Manchuria: Its
　　　　People, Resources and Recent History, p. 254.

　　依據表 12，可以看出美國進口襯衫棉從 189 年（光緒 24 年）的 625,982
件、310,789 英鎊（約 2,154,080 兩）成長到 1899 年（光緒 25 年）的 1,101,765
件、588,674 英鎊（約 3,910,561 兩），始終遠勝各國。長褲方面，更是驚人，
從 1898 年（光緒 24 年）的 3,380 件、1,430 英鎊（約 9,571 兩）成長到 1899
年（光緒 25 年）的 26,930 件、13,380 英鎊（約 88,833 兩），總值成長 9 倍多，
後來居上，打敗英國。此外，英國長褲在 1899 年（光緒 25 年）進口量下跌，
也反映了美國長褲在滿洲市場的競爭力。而同時期的滿洲市場，似乎未見德
國產品，這有兩種可能，一為德國產品或許經由俄國陸路進口（筆者以為較
不可能），二是德國棉製品在滿洲沒有競爭力。

　　所以美國已然體認，滿洲是個潛力無窮的新興市場，因之，對美國而言，
如何保持滿洲在商業上的門戶開放無阻，不使之為任一強權獨占，就成了美
國滿洲政策的首要考量了。〔註 177〕美國另有相異列強之處，在於其在滿洲並
沒有傳教事業可言（即使素以併吞滿洲為終極目標的沙俄帝國，也因其勢力
的滲透，使滿洲一些地方，有了東正教堂）。而法國的天主教士打從 1830 年
代，就進入滿洲傳教；英國、愛爾蘭、丹麥的新教徒則從 1870 年代起，亦得
以進入滿洲傳教。〔註 178〕所以這時的滿洲，對美國而言，極為特殊，不像在
中國其他地方，美國往往是商業與傳教並進的。

　　這時候的美國國務院當是極為苦惱美俄關係的。因為自美國獨立建國以
來，美俄關係素來融洽友好，但自美西戰後，雙方皆已意識到，雙方在遠東
會有競爭上的利害關係。另一方面，美商在俄國市場之成功，除了俄國對美
國素有好感之外，國務院在俄國大力耕耘美國商機，才使得美國能擊敗眾多
的西歐對手。而後被國務院視作美國潛在重大利益的滿洲，卻因為俄國自美
國輸入的重工業產品幫助了其獨霸滿洲計畫的實現，這是與美國國家利益衝
突的；但美國不與俄國貿易，又是自斷財路，一樣違背美國利益，所以左右
為難。

　　美國既已在此時視滿洲為重大商業利益所在之地，當然反對沙俄吞併滿
洲的企圖。事實上，自 1890 年代起，美國駐俄、駐華公使館就時時向國務院
回報俄國西伯利亞大鐵路施工的情形，深怕鐵路竣工後，將使沙俄完全擷取
滿洲與朝鮮，從而剝奪美國在此地的商業利益。

---

〔註 177〕Hunt, *Frontier Defense and the Open Door*, p. 21.
〔註 178〕Hunt, *Frontier Defense and the Open Door*, p. 20.

　　而對於德國來講，其在斯時中國的商業利益亦極可觀，德皇威廉二世即在謀取膠州灣時，謂與中國每年貿易總額達 4 億馬克。〔註 179〕及至 1890 年代末期，德國對華商業持續成長，其輸入中國的主要產品主要是針、火柴、毛織品、羊毛及棉製品、染料、鋼、鐵、玻璃器皿、酒品、其他百貨用品。由於德商特別會研究中國客戶的喜好，較之其他列強，往往能提供質精價低的同類貨物，連對華貿易先驅的英國在中國各地經商，往往也難與德商抗衡。總的來講，德商在華貿易額通常在列強中名列第 2 或第 3 名，僅次於英國、美國，有時亦次於日本。〔註 180〕德國的船運公司也因為服務佳、收費較低廉，深受中國人喜好，往來於牛莊、廈門、汕頭、曲阜、基隆各大港口間，穿梭不已。〔註 181〕不過德商另一特性，卻頗為德國本國詬病，亦即彼等常在中國從事貿易仲介，但求私利，往往進口德國製造商其他國家對手廠商的貨品至中國，從而打擊德國本身的工商業，〔註 182〕也正因如此，筆者認為雖然斯時德國在華商業的精確估計更加困難，但也說明德國商業的重要性。德商此一特性，也呼應了前述德商在美國對俄火車設備工業輸出的仲介角色，故而德商也促進美國工業成品在世界多處的銷售。為了促進在華貿易成長，她也需要防止英國瓜分長江流域。在此脈絡下，如果美國擔心沙俄在滿洲蠢動，會在滿洲歧視她的商業機會，則德國對於英國獨霸長江流域的企圖，也不下於美國擔心俄國的程度，因此海約翰的「門戶開放」政策，至少讓兩國都各取所需，可以制衡各自的對手。另一方面，美國也是同樣憂心英國獨占長江流域的可能。但是筆者必須釐清一點：顯然，美國或德國決不會因中國某塊地盤遭某個列強獨占之後，就訴諸戰爭解決，兩者在中國都沒有這種實力，因此只能預防性的用某種理論束縛自己的對手，盡可能避免這種情形發生。

　　從美國的角度而言，在 1898 年（光緒 24 年）就犯了錯過捍衛平等貿易權利的重大錯誤：一、國務卿舍曼（John Sherman，1823～1900）外交方面的無能以及畏懼被英國利用的心理；二、政府及人民正專注於古巴問題；三、美國在華的實質商業利益微不足道，只占美國對外貿易總額的 2% 左右。〔註 183〕

---

〔註 179〕 *Die Grosse Politik*, V. XIV, p. 32.

〔註 180〕 Feng, *The Diplomatic Relations between China and Germany*, pp.220～221.

〔註 181〕 Feng, *The Diplomatic Relations between China and Germany*, pp.224～225.

〔註 182〕 Feng, *The Diplomatic Relations between China and Germany*, pp.229～230.

〔註 183〕 Paul H. Clyde, The Far East: A History of the Impact of the West on Eastern Asia (NY: Prentice-Hall Inc, 1948), p. 294.

繼任舍曼爲國務卿之海約翰，原任美國駐英大使，立場親英，深以爲英國爲在華擁有最大利益者，而美國爲最晚進入中國發展者，前者希望維持現狀，後者希望商業機會不被剝奪，是以維持中國門戶開放，兩者利益一致。傳統看法以爲，對英國而言，1898 年（光緒 24 年），中國瀕臨瓜分之危機，就如同 1823 年（道光 3 年）的南美，如此廣袤可以自由貿易的區域若被瓜分，則英國貿易或被排除、或在利於瓜分國的情形下蒙受不利。故英國寧願維持各國商業機會平等的原則，畢竟在此原則下英國仍然控制中國市場，即使有戰爭發生，她有能力封鎖任一歐洲國家至東方的海路交通，卻又保持自身的海路暢通。正由於英國有動機積極維護中國的門戶開放，故與其說門戶開放爲美國政策，不如說爲英國政策爲然。〔註 184〕

再者，俄、德、法等歐陸列強在中國排擠英國，故其尋思拉攏美國共同抵抗彼等在華勢力的擴張，並保障自己利益；〔註 185〕況且英國在華商業利益較其他列強爲重，又控制中國海關，故在華各地保持固有的低關稅對其有利。〔註 186〕1899 年（光緒 25 年）春天，當列強競相在中國強租港灣時，尤其是俄國勢力伸展到渤海灣時，英國面對此亂局，有兩種因應之道：一、公開強調維持在華之門戶開放；二、暗地尋求與單一或多個列強達成反對俄國戰略上入侵中國的協議。但事實上，英國的第三種選擇則是在其貿易最重的長江流域發展自己的勢力範圍，如此可以確保英國不會被排斥在中國最重要的領土之外，尚有其他好處的可能。〔註 187〕此際中國局勢已經迥然不同於往昔。蓋在過去，英國所關切者只要將消費貨物運入中國再分配、銷售，因此門戶開放的原則即能滿足英國需求；但是隨著列強租借土地、劃分勢力範圍，並取得鋪設鐵路、開採礦產等特權後，門戶開放的原則即受到威脅。因此在這種情況下，英國需要發展自己的勢力範圍，但也盡可能維持在其他列強勢力範圍內的門戶開放，就需要友邦的支持，而首選之國即爲同文同種的美國。

---

〔註 184〕Bemis, A Diplomatic History of the United States, p. 482.

〔註 185〕楊公素，《晚清外交史》（北京：北京大學出版社，1991），頁 236。

〔註 186〕曾友豪，《中國外交史》（臺北：文海，1975），頁 134。

〔註 187〕George F. Kennan, American Diplomacy, 1900～1950 (Chicago: The University of Chicago Press, 1953), pp. 23～24. 貝米斯則謂，英國因應中國瓜分危機，有四種策略：（一）、袖手旁觀中國被瓜分；（二）、參與瓜分；（三）、單獨行動阻止瓜分，即使與單一或更多列強開戰也在所不惜；（四）、謀求國際合作而維護中國的完整。Bemis, A Diplomatic History of the United States, pp. 482～483.

於是在是年 3 月，美西戰爭爆發前一個月，英國政府即正式發文探詢美國麥金萊總統：鑒於其他列強可能會兼併部分的中國領土或以優待自己的方式強租土地，則英國是否能依靠美國的合作反對其他列強這等行為？又如果發生不測之事件，美國是否準備協同英國反對這等情事？值得注意的是，在這個外交照會之中，英國人並未提及勢力範圍的問題，只是提到列強會排斥其他國家貿易機會的兼併地或租借地。根據美國冷戰理論暨外交史大師肯楠（George F. Kennan，1904～2005）認定，英國政府這個照會，事實上是對美國政府唯一而正式的探詢。〔註 188〕非但如此，肯楠更臆測英國政府之對美國做此探詢，可能是受了殖民大臣張伯倫運作的影響，因為張氏素主英美合作，而其夫人亦為美國人。因此英國政府只是虛應故事，並未認真對待此探詢。〔註 189〕因為此時英國政府已經從門戶開放政策轉向勢力範圍政策，除了租借威海衛以平衡租借旅順、大連的俄國勢力，最值得注意的則是其在 1898 年（光緒 24 年）6 月 9 日也租借了九龍（九龍半島北部），〔註 190〕蓋如此一來，英國可藉此規避中國海關監督下輸華商品內陸轉運的釐金，最後更要求清廷撤除九龍的中國海關。對當時管理中國海關的英國人赫德等而言，英國租借九龍並廢去原有海關的做法，是個警訊。在當時，中國海關跟俄國、德國勢力範圍相安無事，甚至德國還邀請中國海關在青島設立海關，而赫德憂心的是俄國未來的動態。英國既然廢除九龍海關，就創造出租借地內原有中國海關須撤除的先例，屆時若所有租界皆比照辦理，則現行之中國海關制度勢將瓦解。〔註 191〕因此，赫德等人最惱人的問題就是如何維持中國海關的完整主權，形勢嚴苛。後來英國只要談到租界，很實際的放棄門戶開放原則，例如殖民大臣張伯倫在 1898 年（光緒 24 年）11 月的演說，坦承要英國保障中國這種快崩潰之帝國的完整與獨立，並不符合英國利益。〔註 192〕而美國最忌諱的卻是 1898 年（光緒 24 年）4 月，英俄兩國居然達成了劃分鐵路獨占勢力範圍的諒解：俄國似乎將關閉滿洲口岸，危及了美國的門戶開放精神，是以新任國務

---

〔註 188〕Kennan, *American Diplomacy*, pp. 25～26.

〔註 189〕Kennan, *American Diplomacy*, p. 26.

〔註 190〕1898 年 6 月 9 日，中英簽訂《展拓香港界址專條》（The Convention Between Great Britain and China Respecting an Extension of Hong Kong Territory）。英國得以向清廷租借香港九龍界限街以北、深圳河以南地方及附近逾 200 個離島，為期九十九年，到 1997 年 6 月 30 日屆滿。

〔註 191〕Kennan, *American Diplomacy*, pp. 27～28.

〔註 192〕Langer, *The Diplomacy of Imperialism*, p. 681.

卿海約翰必須與英國合作，重新打開中國門戶。〔註 193〕事實上，門戶開放政策方案就是由任職中國海關的英國人賀璧理（Alfred E. Hippisley）及國務院中國通柔克義（W. W. Rockhill，1854～1914）共同擬定。此時國務院規模極小，連遠東事務司亦未成立。柔克義則是唯一精通中文的外交官員。門戶開放政策的最主要目的就是制止沙俄獨占滿洲。〔註 194〕英國人賀璧理，既為赫德在中國海關的副手，本人與柔克義亦相知甚深，至於其妻為美國巴爾的摩人，而且還是柔克義之妻的好友。於是旋在 6 月中，來到華盛頓（賀某早幾個月前就休假，本欲經美國而回英國），頻頻與柔克義會面，商談門戶開放之事，並敦促美國政府盡力維持在中國一般商業的門戶開放；賀璧理也認為勢力範圍是既存之事實，若僅僅關係到鐵路與礦產等特權，情況尚可，但若將勢力範圍觀念延伸到海關方面，事情就不妙。因此，他也敦促美國政府出面，聯絡歐洲列強並從彼等得到絕對不會干涉各自勢力範圍內的條約通商口岸，也就是中國海關設有關口的海港，而中國海關也會對進入列強各自勢力範圍的各國商品實施無差別待遇之關稅。〔註 195〕之後，賀璧理、柔克義、海約翰（彼於 1898 年、光緒 24 年 9 月 30 日出任國務卿）三個人之間，密切通信，並由賀璧理撰寫備忘錄、柔克義加以改寫、海約翰最後定稿並經由麥金萊總統批准後，再由海卿發出予列強的照會。重點在於海約翰照會的三點原則，可說是賀璧理備忘錄所提三點幾乎原文照抄，因之肯楠認為：或許門戶開放通牒主要是針對英國。賀璧理利用迂迴的方式，由美國政府出面，施壓英國以使其不至威脅到中國海關的利益。至於柔克義或者海約翰，似乎皆未察覺賀璧理的門戶開放原則與英國當時的政策有所矛盾。〔註 196〕

　　在麥金萊總統批准後，海約翰國務卿在 1899 年（光緒 25 年）9 月至 11 月間向列強發出了「門戶開放」的通牒。〔註 197〕其內容重點如下：「第一、各

〔註 193〕La Feber, *The Cambridge History of American Foreign Relations*, V. II, pp. 169～170.

〔註 194〕當然，美國此時發起「門戶開放」政策，後世即謂主要對象就是俄國，在《中國白皮書》裏面，美國就坦言「門戶開放」政策本是針對俄國；日俄戰爭後，主要矛頭則轉向日本。See U.S. Dept. of State, *The China White Paper* (Washington: Government Office Press, 1949), p. 15.

〔註 195〕Kennan, *American Diplomacy*, pp. 29～30.

〔註 196〕Kennan, *American Diplomacy*, p. 31.

〔註 197〕前引有學者以為：英國當時在華擁有最大利益，為了維護本身利益起見，雖不便自己出面倡導「門戶開放」政策，故假美國之手。但筆者個人認為，從美國之後關切英國在英德協議中承認德國在山東具獨占性利益一事，再看英

國對於其中在中國任何所謂『勢力範圍』，或租借地內之任何條約口岸，或任何既得利益，不得干涉。第二、中國現行的約定關稅率，對於運往在前述『勢力範圍』內一切口岸，除非是『自由港』之所有貨物，無論屬於何國，均應適用，其稅款概由中國政府徵收。第三、各國在其『範圍』內之任何口岸，對他國船舶，不得課以高於該國船舶之港口稅，並在其『範圍』內所建築、控制或經營的鐵路上運輸屬於他國公民或臣民的貨物通過此種『範圍』時，所收運費不得較高於本國國民運輸同樣貨物所收之運費。」〔註198〕可知美國承認列強在勢力範圍內有開礦築路的特權，只是希望在中國保持對世界開放的市場，而且這次照會要求列強不在勢力範圍內採取排外的關稅和運費政策，也就是要求「門戶開放」與「機會均等」，卻未包括投資方面。〔註199〕直言之，就是美國要求在列強勢力範圍內有經商之平等機會和地位。惟美國在中國堅持「門戶開放」政策時，同時將波多黎各納入了美國的經濟系統、也透過與古巴的互惠關稅，將該地的門戶關閉；美國對巴拿馬運河緊緊控制，卻要求對俄國建設中的中東鐵路有平等經商權利；其在夏威夷與菲律賓的貿易模式也整合到了美國的關稅制度，因此這些地方也沒有所謂的「門戶開放」。〔註200〕

英國的莎侯在1899年（光緒25年）11月30日，答覆了海約翰國務卿的「門戶開放」政策照會。在此答覆中，英國絕口不提香港、九龍，只大略說英國同意在威海衛租借地及「此後」（hereafter）英國可能以租借或其他方式獲得之中國領土或「勢力範圍」，實施「門戶開放」政策。〔註201〕

而「門戶開放」政策主要矛頭所指的沙俄又是如何應付呢？俄國原本就不擬答覆美國，而且將希望寄託在法國，蓋彼以為法國會拒絕海約翰照會，然法國在此事卻出乎意料的合作，俄國也就只好盡可能做出模糊的答覆，表

國對美國照會的消極、迴避態度，英國其實不是很鼎力支持「門戶開放」政策。而起草「門戶開放」通牒的柔克義本人也否認這種英美合作說法，參見 Varg, *Open Door Diplomat*, p. 54.

〔註198〕海卿致列強政府之「門戶開放」通牒本文以及其與彼等之往返文書，主要公布於 FRUS, 1899, pp.128～143. 中文翻譯則轉引自《中國近代對外關係史資料選輯》（上海：上海人民出版社，1977年9月），頁122。

〔註199〕林世明，《義和團事變期間東南互保運動之研究》（臺北：商務印書館，2000），頁23。

〔註200〕Akira Iriye, *Pacific Estrangement: Japanese and American Expansion, 1897～1911* (Cambridge: Harvard University Press, 1972), p. 67.

〔註201〕Lord Salisbury to Mr. Choate, Nov. 30, 1899, *FRUS, 1899*, p.136.

面上不得罪美國。〔註202〕因爲海約翰照會的第三條，可說是對俄國在滿洲鐵路的歧視，甚至可說是敵意十足。因爲在中國只有俄國建築了大段的鐵路，其他列強的鐵路尚在規劃階段，是以只有俄國受到影響。更何況其他列強可經由海路對華貿易，這對依靠陸路貿易的俄國本就不利，雪上加霜的是俄國又宣佈海參崴與大連港爲自由港。因此，接受海約翰照會對於俄國在滿洲的財政、經濟利益會是莫大災害，畢竟美國的「門戶開放」只是片面對美國有利。〔註203〕

俄國外長莫拉維也夫（Mikhail Muravyov，1845～1900）答覆美駐俄公使塔爾（Charlemagne Tower, Jr.，1848～1923），大意爲：藉由建設大連港爲自由港一事，俄國已展現「門戶開放」的誠意。至於中國目前或「此後」（hereafter）開放的口岸、關稅則爲中國內政，俄國並不追求排他的特權。除了絕口不提美國「門戶開放」政策主要關切點的整個滿洲之外，俄國還在末了，提醒美俄關係素來友好。〔註204〕

吾人交叉比對英、俄答覆，發現彼等之不提滿洲、港九，本意是要獨占其地一切利權，而沙俄的動機更令人看出，是爲其兼併滿洲預留伏筆。另外，也只有英、俄使用「此後」一詞指稱其日後可能獲得的中國領土，更是說明了兩國沒放棄對中國「此後」的擴大侵略，只是彼等會允許其他列強商業機會均等罷了。就此而言，美國的「門戶開放」政策或然利於落實列強的遊戲規則，對中國反未必是福。尤有甚者，美國對列強覆文，從未提出異議，這說明她除了看重其在華商業利益外，無形中也白紙黑字背書了列強的「勢力範圍」。惟就當時歷史背景而言，筆者以爲美國似乎正在施展金援外交，企圖影響英、俄政府的態度：對於英國，其身陷波耳戰爭，又由於法國已經拒絕貸款與英國，1899年（光緒25年）底，美國對於貸款予英國已經躍躍欲試；〔註205〕美國對於英國因波耳戰爭所發行的戰爭債券，也大量購買，而且使得英鎊在外匯交易上維持高價位。〔註206〕對於俄國，美俄1899年（光緒25年）7月就已在進行貸款予俄國的談判，同時俄國還準備再訂購大量的鐵軌設備、

〔註202〕Langer, *The Diplomacy of Imperialism*, p. 687.

〔註203〕Andrew Malozemoff, *Russian Far Eastern Policy, 1881～1904* (Berkeley: University of California Press, 1958), p. 117.

〔註204〕Count Mouravieff to Mr. Tower, Dec. 18～30, 1899, *FRUS, 1899*, p.142～143.

〔註205〕*NYT*, Dec. 17, 1899.

〔註206〕*NYT*, Apr. 12, 1900.

甚至軍備。《紐約時報》甚至揶揄這是法國乳牛已經無乳之故。〔註 207〕因此，美國是有意識運用其雄厚的經濟實力，希望藉以影響列強政策符合其國家利益。〔註 208〕

雖然英、俄的答覆態度都是保留，而且以他國接受遵守為其接受的前提。〔註 209〕，海卿依然利用列強沒有明言拒絕的答覆，訴諸國際性的唬牌，〔註 210〕也就是美國史家貝理（Thomas A. Bailey）所謂的「洋基佬的唬牌」（Yankee-Bluff），〔註 211〕逕自向世界宣告門戶開放政策的成功。

相較於前述之英國不提港九，沙俄略去滿洲，德國對海卿的答覆，就較為正面：「帝國政府自始不但保證，而且完全施行，在其所有中國租借區內，對各國貿易、航運、商業等，絕對公平對待。」當然，德國同意的前提也是以其他列強遵行為前提。〔註 212〕德國既為後起的帝國主義大國，在表示其他列強亦須同意才能接受後，也希望這些原則能為其在中國擴張勢力提供機會。〔註 213〕畢竟她需要擴展中國市場，不讓英國、美國專美於前，又雖然希望沙俄陷在遠東的泥淖，減輕在歐俄的實力，但也不能讓沙俄吞併滿洲甚至朝鮮太順利，擁有更多的資源，反而弄巧成拙。此外，德國對於美國的「門戶開放」政策，有樣學樣，運用到其他地區，在 1910 年（宣統 2 年）、1911

---

〔註 207〕 *NYT*, Jul. 11, 1899.
〔註 208〕 例如對於美英關係，海約翰可能利用在華提出門戶開放政策通牒，換取英國在阿拉斯加邊界爭端與巴拿馬運河問題的讓步。筆者案：當時英國尚控有加拿大，該地與美國為阿拉斯加疆界劃分問題，爭端已久；關於巴拿馬運河，英國猶在堅持其對於該運河的特權。雖然缺乏明確的證據，惟自美國提出門戶開放通牒後，這兩大在美英關係中僵持多年的外交問題皆以美國滿意的方式解決，誠如美國史家所謂「英國離開加勒比海，美國進入亞洲。」（Great Britain got out of the Caribbean and the United States got into Asia.），見 Bemis, *A Diplomatic History of the United States*, pp. 484～485.
〔註 209〕 海約翰為律師出身，法律技巧圓融。他就利用列強不便明示反對的機會，一再聲稱列強皆接受美國政策。詭異的是，也正由於列強始終未表示異議，國際法學界竟爾漸趨認定「門戶開放」政策原則已在列強間形成拘束力。參見 Stephen Chao-Ying Pan, *American Diplomacy Concerning Manchuria* (Washington, 1938), pp. 65～95.諷刺的是，在庚子之亂期間，海約翰因海軍部施壓，竟詢問日本，美國是否可占有福建三沙灣。日本答覆尤為一絕：「請遵守門戶開放政策，維護中國領土主權完整。」
〔註 210〕 Clyde, *The Far East: A History of the Impact of the West on Eastern Asia*, p. 296.
〔註 211〕 Kindermann, *Der Aufstieg Ostasiens in der Weltpolitik*, p.77.
〔註 212〕 Count Bülow to Mr. White, Feb. 19, 1900, *FRUS, 1899*, p.131.
〔註 213〕 陶文釗，《中美關係史話》（北京：社會科學文獻出版社，2000），頁 49。

年（宣統 3 年）之交，她就打著「門戶開放」口號，同英國談判中非洲殖民地的商業問題。〔註214〕

　　值得注意的是，歷來史家所忽略者為德國在此的關鍵地位：若當時德國為親近沙俄以分化俄法同盟，藉以緩解她在歐陸受俄、法夾攻的戰略劣勢，事關其國家根本的生存利益，則她的選擇之一可為與沙俄合作，或許再現甲午戰爭時的三國同盟。此同盟威力強大，當時就已威嚇英國、美國，絕無任何列強敢於在遠東與俄、德、法為敵。如此則中國局勢堪憂。但是無論如何，德國最大的盤算是要避免英國獨占長江流域，因此同意海約翰的門戶開放政策，是可以達到這個目的的，就在這種情形下，美德關係在第一次「門戶開放」政策照會上，有了合作的互動，有助此一體制的穩固。

　　只是海約翰的「門戶開放」自始就是商業上的，而非法理上的政策。〔註215〕當時的美國也沒有實力要求列強遵守。事實上，就有學者認為海約翰的「門戶開放」政策，是消極的經濟外交政策，不會採取任何激烈方式，只是想要保護美國商業利益。〔註216〕因為根據柔克義的說法，美國對於「勢力範圍」只能接受為既存事實（existing facts），因為美國也莫可奈何；〔註217〕柔克義則認為，雖然英、法、德、俄沒有正式承認所謂的勢力範圍，但對美國而言，既有此等範圍存在，就無由預防各國在自己租界內實施經濟方面的差別待遇，美國至多能希望，她的條約權利與平等貿易機會能在勢力範圍內被列強尊重。所以，海約翰照會並非一個尊重中國獨立與完整的聲明；〔註218〕貝米斯更認為門戶開放為美國外交的失策，其因在於其後歲月，美國政府為了維護中國的門戶開放，美國益發捲入亞洲的外交亂局，則需將門戶開放的原則擴大到中國領土及行政的完整暨中國的獨立。是以美國承擔者為政策上的責任，卻無相符的利益可為回報。況且任何列強在遠東處於支配性之地位時，門戶開放的架構即受到威脅，則美國或需為門戶開放一戰，或需在舉世面前從自身宣諸於世的原則撤退。美國人民殆無意願在任何地方為門戶開放而戰，遑論亞洲。貝氏更假設中國即使被瓜分，美國商業機會未必減少；復以

〔註214〕Gründer, *Geschichte der Deutschen Kolonien*, p. 104.
〔註215〕王曾才，《英國對華外交與門戶開放政策》（臺北：中國學術著作獎助委員會，1967），頁 205。
〔註216〕Iriye, *Pacific Estrangement: Japanese and American Expansion*, p. 81.
〔註217〕Clyde, *The Far East: A History of the Impact of the West on Eastern Asia*, p. 295.
〔註218〕Langer, *The Diplomacy of Imperialism*, p. 687.

日本帝國爲例，1931 年截止，美日貿易增加而與中國貿易相對萎縮。故而據此論斷，門戶開放爲美國在遠東外交的第二大失策。〔註 219〕國內學者持正面意見者，以爲：「門戶開放政策」既是美國對華政策的延續，又是這種政策新的標誌：在《望廈條約》時期美國就提出與其他大國「利益均沾」，並主要跟隨英國半世紀，到了十九世紀末，國力雄厚，就試圖以自己主張影響其他列強，並進而在列強對華外交中起主導作用；〔註 220〕國內學者持負面意見者，以爲：第一次「門戶開放」照會只是「多重雙邊諮商」，對列強實無法律拘束力。〔註 221〕

　　筆者則有一點淺見：美國之針對列強提出「門戶開放」照會，至少也有一種阻止列強在華勢力範圍從「軟性勢力範圍」變爲「硬性勢力範圍」的用意，蓋前者原主權國尚有一定主權，而後者則殆無主權，全憑霸權國定奪，極容易演變成保護領，最後則成爲列強瓜分之中國土地。畢竟根據美國自身經驗，不論原因爲何，1889 年（光緒 15 年）將美屬薩摩亞納爲保護領之後，1899 年（光緒 25 年）正式將該島納爲美國領土。因此窺諸當時的中國情勢，美國結合其經濟實力提出的「門戶開放」政策，確實有效制止中國境內各列強勢力範圍向保護領演變。

〔註 219〕Bemis, *A Diplomatic History of the United States*, p. 486.
〔註 220〕陶文釗，《中美關係史話》，頁 50～51。
〔註 221〕蔡東杰，《中國外交史新論》（新北：風雲論壇，2012），頁 131。

# 第六章　庚子之亂中的美德關係

　　茲根據下列統計表（表13），瞭解在庚子事變這年，美、德兩國各自的軍力概況。

表13　列強軍隊、海軍人數表，1880～1900

|  | 1880 | 1890 | 1900 |
|---|---|---|---|
| 英國 | 367,000 | 420,000 | 624,000 |
| 美國 | 34,000 | 39,000 | 96,000 |
| 德國 | 426,000 | 504,000 | 524,000 |
| 俄國 | 791,000 | 677,000 | 1,162,000 |
| 法國 | 543,000 | 542,000 | 715,000 |
| 日本 | 71,000 | 84,000 | 234,000 |
| 奧匈帝國 | 246,000 | 346,000 | 385,000 |
| 義大利 | 216,000 | 284,000 | 255,000 |

資料來源：Kennedy, *The Rise and Fall of the Great Powers*, p. 203.

　　根據表13，吾人可以明白美國即使到了1900年（光緒26年），全國總兵力還不足10萬人，明顯與其雄厚的經濟實力有嚴重落差。一方面也反映其地理位置的優越性，沒有強鄰環伺，無須憂心國防；反觀德國，身受俄、法兩國的夾擊之勢，至少須保有50多萬的常備兵。

表 14　列強海軍艦艇噸位表，1880～1900　　　　　　（單位：公噸）

| | **1880** | **1890** | **1900** |
|---|---|---|---|
| 英國 | 650,000 | 679,000 | 1,065,000 |
| 美國 | 169,000 | 240,000 | 333,000 |
| 德國 | 88,000 | 190,000 | 285,000 |
| 俄國 | 200,000 | 180,000 | 383,000 |
| 法國 | 271,000 | 319,000 | 499,000 |
| 日本 | 15,000 | 41,000 | 187,000 |
| 奧匈帝國 | 60,000 | 66,000 | 87,000 |
| 義大利 | 216,000 | 242,000 | 245,000 |

資料來源：Kennedy, *The Rise and Fall of the Great Powers*, p. 203.

　　根據表 14 顯示，從 1880 年（光緒 6 年）起，美國海軍艦隻噸數一直勝過德國，但是筆者對此表數據持保留態度。例如在美西戰爭時，德國海軍部長鐵畢子就評估德國海軍較美國海軍爲優。

　　全球性的經濟革命中，美國的成長最是劇烈，並超越英國成爲世界工廠：在 1900 年（光緒 26 年）以前，美國年產 26.5 百萬噸的鋼，超越英國與德國產量的總合；美國年產煤亦達 455 百萬噸，而同期的英國爲 292 百萬噸、德國爲 277 百萬噸；美國也是世上最大石油生產國，其能源的消耗等於英國、法國、俄國、奧匈帝國的總合。總而言之，美國變成了經濟世界的大力士海克力斯（Hercules）。〔註 1〕惟在中國方面，美國議員畢普理奇（Albert J. Beaveridge，1862～1927）到中國遊歷的結果，卻認爲德國在華政經勢力有驚人的成長：1900 年（光緒 26 年）起，全中國都可感到德國的勢力張揚，連美國重要貿易據點的俄國遠東與滿洲，也有德商的勢力。例如德商就供應俄國滿州鐵路建築業者糧食等必需品，在旅順港，德國大公司孔茲與艾伯斯公司（Kuntz & Albers）雇用了許多年輕的德國子弟工作。該公司在海參崴有著巍峨的總部，而其海蘭泡分公司外觀之堂皇，則是華盛頓沒有一家百貨公司可以比擬的。〔註2〕在航運方面，德國趕上的速度更是驚人，使得原本幾乎獨占

〔註 1〕Varg, America, from Client State to World Power, p. 103.
〔註 2〕Albert J. Beaveridge, *The Russian Advance* (New York: Harper & Brothers, 1903), pp. 153～154.

此事業的英國寢食難安。1895 年（光緒 21 年）時，最大的航運公司還是英國的半島東方公司（Peninsular and Oriental Company），1900 年（光緒 26 年）卻已被德國的北德東方航運公司（North German Lloyd's Oriental Company）趕上。〔註3〕畢普理奇也發現，德國向來熱衷於在東方人心中留下她是世界強權的印象。只要有展現武力的藉口，就可發現德國軍人。而根據他兩次到中國遊覽的經驗，每次造訪不論甚麼港口，至少可發現一艘德國軍艦在場。德國勢力在上海尤其顯著，以致於 1901 年（光緒 27 年）夏天，若有不知情的旅客到此一遊，還會以為此處是德國殖民地。〔註4〕

# 第一節　山東、華北亂局與聯軍最高統帥權問題

## 一、美德在山東的糾葛與華北亂局

在筆者深入探討本章重點之前，由於一者筆者能力有限，再者本書的重點是在於美德在中國的雙邊關係，只能先行簡單回顧義和團的緣起。對於義和團本身的起源，學界至少有四種說法：第一種觀點認為：義和拳是「舊式農民起義的許多秘密結社的一種，它是白蓮教的一個派別」，但是屬於哪個派別，則眾說紛紜；第二種觀點認為：「義和團由梅花拳而來，梅花拳由義和拳而來。至於義和拳，則源於咸、同間的鄉團」，而且與白蓮教無關；第三種觀點則是：義和團源於拳會的秘密結社，並非教門組織；第四種則以為：義和團內部組織很複雜，是秘密結社和秘密宗教結合的產物。〔註5〕但是無論其本源為何，由於德國在山東之帝國主義行徑、〔註6〕加上聖言會所茲生之教案與德國對山東經濟的剝削、華北又逢世紀大旱，使得平民生活困難，山東的民怨一發不可收拾，開始攻擊外國人，再由於山東巡撫袁世凱嚴厲的鎮壓義和團運動，義和團轉往河北地區發展，事情的嚴重性大大超出了清廷與西方列強的估計。

---

〔註3〕Beaveridge, *The Russian Advance*, p. 154.
〔註4〕Beaveridge, *The Russian Advance*, p. 161.
〔註5〕安作璋主編，《山東通史》（下），頁 204。
〔註6〕美國駐華公使田貝就認為德國與俄國強占中國領土的行為是引起義和團事件的主因。Charles Denby, *China and Her People: Being the Observations, Reminiscences, and Conclusions of an American Diplomat* (Boston: L. C. Page, 1906), p. 174.

　　原本十九世紀末期的山東，一方面既已成了德國天主教與工業團體、美國傳教新勢力匯合的區域，另一方面又是義和團運動的發源地，當這三股力量碰撞在一起時，美洲新興強權的美國與歐陸傳統強權的德國就有了特殊的外交發展。

　　先以較大的角度來看待 1899 年（光緒 25 年）末期的山東，美國已經注意到了山東苦旱，一片赤貧，盜匪橫行，外國人已感受到不安全。其實當時的清廷為了應付更多西方列強的要求，早已焦頭爛額。〔註7〕而義和團或大刀會份子，卻已在教唆驅逐洋人，消滅基督教，情勢有失控的危險，美國政府宜及早應變。不過當時，美國康格公使接洽德國公使克林德的結果，卻是德使不覺山東情形有何異樣。〔註8〕但是隨著義和團運動越來越激烈，清廷亦恐懼未來大亂之可能。〔註9〕英、美、德、法等列強公使在 1900 年（光緒 26 年）1 月 27 日，連袂要求總署衙門取締義和團；由於不滿清廷的處理態度，到了 3 月 2 日，義和團極端仇外運動不但在山東蔓延、早已呈現往河北京畿重地擴散之勢時，渠等公使再度要求總署把取締義和團的諭旨在京報上發表，卻因為清廷在面對中國人民時深怕「丟臉」，〔註10〕遭到拒絕，列強公使此時就已決定要求母國政府派遣海軍在大沽港外示威，威震清廷，逼其斷然處理山東的情勢。此際，東撫袁世凱亦上奏，論及高密百姓阻建鐵路事，主要係因中

---

〔註7〕如 1899 年（光緒 25 年）5 月，義大利也趁勢向中國索取三門灣，這次清廷決議捍衛國土，下令兩江總督劉坤一密切注意義大利海軍動向，認為義國「無端索地，釁自彼開，與其動輒忍讓，不如力與爭持。」見〈旨著劉坤一查意國有若干兵艦在淞嚴為戒備電〉，《清季外交史料》，卷 138，頁 26；同年 8 月清廷給直隸總督裕祿的命令，除了命其嚴加防範義大利海軍之外，亦言「為海軍新集，尚無鐵甲巨艦」，則反映了中國因為對列強賠款、特別是馬關賠款之故，無力重建鐵甲巨艦海軍的窘境。〈旨寄裕祿著嚴防意船預為布置電〉，《清季外交史料》，卷 139，頁 19。事實上，義大利受英國唆使，不但索取三門灣，而且要清廷承認浙江為其勢力範圍，清廷泥之。義大利雖然揚言最後通牒，惟後來以逾越職權為由將義國公使召回，索灣之事作罷。見 Langer, *The Diplomacy of Imperialism*, p. 683

〔註8〕Mr. Conger to Mr. Hay, Dec. 7, 1899, *FRUS 1900*, p. 77.

〔註9〕1899 年（光緒 25 年）11 月，清廷因感「各國虎視眈眈，爭先入我堂奧」，要求各省督撫「倘遇各國事變，惟有同心協力」，不得畏怯，只想屈從求和，蓋中國「幅員數萬里，人丁數萬萬，苟能共矢忠君愛國之誠，又何強敵之可懼？」見〈諭各省督撫倘遇各國事變惟有同心協力不得預梗和議〉，《清季外交史料》，卷 141，頁 3～4。

〔註10〕清廷怕「丟臉」，是康格個人的觀察。Mr. Conger to Mr. Hay, March 9, 1900, *FRUS 1900*, pp. 102～104.

德鐵路、採礦章程未定，「德人恃無鈐制，往往恣意橫行，加以東省風氣未開，民情強悍，齟齬生事，時所不免」，[註11] 情勢益發混亂。事實上，歐洲初建鐵路時，也是到處遭到歐洲人自己反對，就不難想見中國人不喜歡這種發明。[註12] 中外學者皆認為德國在山東帝國主義與教會的結合，引燃庚子事件，例如大量西方基督教傳教團體在中國的活動，成了義和團事變的起因；[註13] 拳亂實帝國主義所逼，若非外人壓迫，不致有拳亂；[註14] 連德國聖言會主教安治泰本人也承認，德國佔領膠州灣是山東教案增多的第一個和主要原因。[註15]

　　在 4 月 12 日，列強海軍就在大沽港外示威。在 5 月 31 日這一天，列強更是召喚衛隊 400 人入京保護，私自把使館區變成北京城內的外國軍事堡壘，可說違背國際法在先。[註16] 對於列強侵犯主權的行為，清廷抗議亦無效。

　　只是美國在尋求與德國等列強合作時，仍欲保持自己對華政策彈性的必要，海約翰國務卿就訓令康格公使：即使在與總理衙門交涉時採用與其他列強類似的政策，也應單獨照會，毋需其他列強的協同，並且可用最強烈的用語促使清廷在山東採取斷然的措施。最後，又要康格公使向總理衙門表達：美國已獲得其他列強不會危及中國完整的保證。[註17] 這則電文實則反映了美國面面俱到的意圖，一方面她要保持自己的獨立性，與歐陸列強保持一定的距離，一方面對中國可說是軟硬兼施，既有嚴厲的措辭，卻有著維護中國完整的示好，其實美國為了維護其已在 1899 年（光緒 25 年）底提出的「門戶開放」政策，處心積慮，一心想要維護自己對華親善的形象，是以有這種利己利華的舉動。

　　這時候的美國，除了需要德國在內列強的合作，共同派海軍示威施壓清廷以外，而山東風聲鶴唳的局勢也在此時促成美德關係更深層的對立與合作。聚焦在山東來看，原來德國人在山東大肆探勘礦產、修築鐵路的行徑，

〔註11〕〈魯撫袁世凱奏陳辦理高密阻修鐵路情形暨進陳鐵路章程摺〉，《清季外交史料》，卷 142，頁 22。

〔註12〕Langer, *The Diplomacy of Imperialism*, p. 693.

〔註13〕Kindermann, *Der Aufstieg Ostasiens in der Weltpolitik*, p.86.

〔註14〕胡秋原，《近百年來中外關係》，頁 99。

〔註15〕丁名楠，〈德國與義和團運動〉，頁 74。

〔註16〕張海鵬，〈試論辛丑議和中有關國際法的幾個問題〉，《近代史研究》，60，1990 年 6 月，頁 88。

〔註17〕Mr. Hay to Mr. Conger, Mar. 22, 1900, *FRUS 1900*, p. 111.

往往連累美國在當地的僑民。由於山東百姓無法從外觀區分美國人與德國人的差別，見到外國人就攻擊，威脅到了美國人的生命安全。例如在曲阜活動的美國長老教會就向國務院求援，其求援信即通篇陳述德國人帶來的困擾。由此封 1900 年（光緒 26 年）2 月 14 日的信可以看出，德國人在山東的暴行是如何影響到美國人的生命與財產安全。既然這些山東的美僑希望美國政府敦促德國政府注意到這點，不要再暴露美僑的身家性命於危險之中，而且必要時，德國當局也應採取措施，保護美國人。〔註 18〕海約翰國務卿自是完全同意山東美僑的要求，照會德國政府。而既然美國在山東沒有軍隊，德國很早就表示了願意在必要下動用武力保護美僑。〔註 19〕

顯然德國有利用這個機會再進一步確認其山東勢力範圍、甚至擴大的企圖。海約翰國務卿仍再指示美國駐華公使康格，向德國駐華公使克林德要求德國須像保護德僑一樣來保護山東美僑，特別是傳教士的安全；另一方面，顯然意識到了美國要求德國保護其僑民的做法，卻無形中加深了德國山東勢力範圍承認的深化，對美國利益以及中國主權很是不利，因此海約翰國務卿特別強調德國保護只限於德國「有效的佔領區」（German protection within the effective zone of German occupation），而且不會妨礙美國在德國佔領區外採取適當行動的權利。〔註 20〕從海卿的措辭可以證明，美國對於德國強租膠州灣還是耿耿於懷的。由這些案例來看，在 1899 年（光緒 25 年）2 月為止，山東民眾與外國人士的衝突顯然在山東巡撫毓賢（其任期為 1899 年、光緒 25 年 2 月至 1900 年、光緒 26 年 2 月，正好一年）仇教排外政策下，越演越烈，所幸尚未釀成大禍。

另外一件插曲，則可以看出美國與德國在山東明爭暗鬥的情形。美國公使康格在 3 月下旬回報，因為他施壓總理衙門的結果，原山東巡撫毓賢改調山西巡撫，由袁世凱繼任東撫。〔註 21〕康格此舉是聯合法國公使畢盛而為，而法國本就不滿德國天主教脫離法國掌控，改由德國本國保護並且與法國在山東競爭天主教勢力。由此可見，固然是毓賢對義和團的政策，使彼等不滿，但筆者以為這也是繼李秉衡先遭德國在膠澳談判中施壓撤換以後，美國有意藉由撤換毓賢，跟德國一別苗頭，在山東競爭影響力的表現。而袁世凱上任

---

〔註 18〕 見附件二。
〔註 19〕 Mr. Hay to Mr. Conger, Apr. 9, 1900, *FRUS 1900*, p. 113.
〔註 20〕 Mr. Hay to Mr. Conger, Apr. 16, 1900, *FRUS 1900*, p.118.
〔註 21〕 Mr. Conger to Mr. Hay, Mar. 23, 1900, *FRUS 1900*, p. 112.

東撫後，由於其嚴厲鎮壓義和團，山東一時平靜，使得德國沒有尋釁的藉口，但是山東的義和團民卻大量竄入直隸，開始在該地益發肆虐。這就是所謂「拳匪起於山東，而大禍之發，乃在直隸。」〔註22〕

　　那麼清廷究竟如何看待義和團呢？事實上，清廷原本立場亦偏向剿平義和團亂民，畢竟沒有一個朝廷能容忍威脅到其生存的民間團體壯大。直隸總督裕祿（1844～1900）雖然在1899年（光緒25年）底就認爲：「義和拳實係邪匪，並非義民」，而且「黨羽甚重，藉鬧教爲名，煽惑倡亂。若再由州縣敷衍姑息，必至養癰成患。」〔註23〕因此裕祿原本下定決心，用「剿撫並用」的方針，全力消滅義和團運動，但是越剿，義和團群眾反更勢大，事情至此地步，各地方官在無力應付之餘、更不敢圍剿所謂的「拳匪」，例如裕祿由於「匪黨既群聚徕水，鴟張日盛，直督不得已，乃派副將楊福同（？～1900）前往查辦。楊稍有究詰，匪竟聚而戕之。裕聞信膽落，自是遂不敢有所主張，既不剿，亦不撫，聽其橫行不法。匪乃益肆然無忌。」〔註24〕連直隸總督這等管轄京畿的大官，皆感束手無策，故作駝鳥，義和團勢力之大，可想而知。即使到了1900年（光緒26年）5月中旬，義和團民開始拆毀京津鐵路，清廷尤感事態嚴重，遂加派直隸提督聶士成（1836～1900）的精銳新軍武衛營，參與圍剿，「協助防緝」，〔註25〕清軍與照說爲烏合之眾的義和團民卻血戰連連，剿匪陷入了僵局，連武衛營統領楊慕也認爲「在團人等聚眾之時，每有附近村莊紛紛附和，各處皆然」，〔註26〕說明了義和團已演變爲河北京畿重地的民間暴動，此時清廷大爲震動，害怕統治基礎會動搖，慈禧太后在6月只得派出其親信吏部尚書、軍機處大學士剛毅（1837～1900）與總理衙門大臣、軍機大臣趙舒翹（1848～1901）赴河北良鄉、涿州招撫喊著「扶清滅洋」口號的義和團。這番招撫卻又生出風波，蓋剛毅既爲后黨人物，其思想原就保守，尤其痛恨可能威脅慈禧太后權力的西方列強，因之就建議慈禧利用義和團鞏固權力。在中國朝廷內部，對於義和團政策，基本上可分兩派，主張剿

---

〔註22〕李德征，《義和團運動史》，頁102。

〔註23〕北京大學歷史系中國近代史教研室編，《義和團運動史料叢編》（二）（北京：中華書局，1964），頁59。

〔註24〕吳永，《庚子西狩叢談》，收入楊家駱主編，《義和團文獻彙編》（三）（臺北：鼎文，1973），頁376。

〔註25〕《義和團運動史料叢編》（二），頁109。

〔註26〕《義和團運動史料叢編》（二），頁175。

滅的有軍機大臣榮祿（1836～1903）、慶親王奕劻、軍機大臣王文韶、總理衙門大臣、吏部侍郎許景澄、兵部尚書徐用儀（1826～1900）、總理衙門大臣、太常寺卿袁昶（1846～1900）再加上李鴻章、張之洞、劉坤一、袁世凱等實力派的封疆大吏，這些人一貫主張不要縱容義和團，必須撲滅義和團暴動，保護洋人，千萬不要與西方列強作對。不管這些人對光緒皇帝與慈禧太后關係的立場為何，他們是主剿派人物。反之，主張對義和團招撫的人物，可說全是后黨，除了剛毅與趙舒翹之外，還有端郡王載漪（1856～1922）、莊郡王載勛、大學士徐桐（1819～1900）、禮部尚書啓秀（1839～1901），戶部尚書崇綺（1829～1900）等人。由於端郡王載漪次子溥儁（1885～1942）被過繼給已逝的同治帝，被慈禧立為皇太子，至於崇綺原為同治丈人，徐桐則為溥儁師傅，如此也搭上關係，他們就希望藉義和團之力，驅逐西方列強，好使慈禧廢掉光緒帝，溥儁早日登基。易言之，義和團運動至此卻演變成了后黨人眼中攸關皇位的權力之爭。居於中國至尊無上之地位的慈禧太后，對於義和團卻是首鼠兩端。她既怕與西方列強為敵，又怕義和團造反，總之關鍵都是其權力地位的問題。因此所下諭旨，時剿時撫，也令所有下屬官員無從決定該如何處理，而義和團聲勢益發浩大。但是剛毅自良鄉、涿州考察義和團之情回到北京後，向慈禧太后上奏，結論為義和團民，「凡此之類，聞直隸、山東各州縣，無處無之……誅不勝誅」，〔註27〕所以朝廷唯有安撫之，「不能解散」義和團一途。〔註28〕事情傳出後，義和團民開始在 1900 年（光緒 26 年）5 月底、6 月初向北京麕集，所謂「五月初旬（筆者案：此為陰曆），京城附近，亦漸次發見，每三五成群，沿途叫囂奔突，持刀喊殺，惟尚未見大股聚集，亦未敢公然闖入城堙」，〔註29〕這時群眾還只是在北京城外圍徘徊，但是在 6 月 11 日殺了日本公使館主事杉山彬（1862～1900）之後，「一二日間，城內拳匪，已集至數萬，王公世爵，爭延請大師兄住其府第，竭誠供奉，內監之入夥者尤眾，於是輦轂之下，悉成團匪世界矣。」〔註30〕整個北京城在 6 月中成了廣大拳民進駐之地，他們開始攻擊教堂、教民，所到之處，一片火燒之後的狼籍。

〔註27〕 國家檔案局明清檔案館編，《義和團檔案史料》（上）（北京：中華書局，1959），頁 137。
〔註28〕 羅惇曧等著，《庚子國變記》（臺北：廣文書局，1964），頁 40。
〔註29〕 吳永，《庚子西狩叢談》，頁 376。
〔註30〕 吳永，《庚子西狩叢談》，頁 376。

　　而在 6 月 9 日，由於列強不滿清廷對義和團之無能爲力，在召開使節會議之後，就由英國公使竇納樂（Claude M. McDonald，1852～1915）發出電報給塘沽的英國海軍提督西摩（Edward H. Seymour，1840～1929），要他率領各國海軍陸戰隊組成聯軍來北京援救使館區外國人士。

　　西摩聯軍共計 2,300 人，本想自天津一路殺向北京城，由於直隸總督裕祿勸阻無效，反被迫提供火車供其運兵，清廷也下令董福祥（1840～1908）的甘軍迎敵，此時義和團反倒與政府軍一起迎敵，雙方浴血苦戰，西摩聯軍卻於 6 月 20 日敗走天津近郊的楊村。在整個西摩戰役中，美國海軍雖然有參與，卻態度消極，總共也只有 110 人。〔註 31〕

　　至於美國方面，1900 年（光緒 26 年）6 月上旬，中國問題一時之間讓美國陷入進退維谷的難關。一方面，美國政府此時最大的願望，自然是中國局勢能夠迅速穩定下來，不要失控到需要列強進一步出兵平亂之地步，否則各個在中國早已佔據重大利益地區爲自己勢力範圍的列強，萬一藉護僑之名趁機侵入中國，混水摸魚，乃至瓜分中國成爲定局，則海約翰國務卿費盡心血方在是年 3 月，因種種微妙因素而勉強成局的門戶開放政策，必定破滅，導致美國被完全拒於中國市場之門外。尤其美國此時對華貿易正是突飛猛進，大有在列強中獨占鰲頭的後勁。例如駐曲阜的美國領事佛勒就向國務院回報：1897 年（光緒 23 年），美國對華出口貿易總額，較之所有歐陸國家對華出口貿易總額，已超越 32 萬 281 美元；至 1899 年（光緒 25 年），對華出口貿易總額已達 1,628 萬 8,745 美元，雖尚次於英國，不過超越歐陸國家則達 417 萬 934 美元之鉅；至於 1899 年（光緒 25 年），自華進口貿易總額已達 1,383 萬 5,480 美元，是爲中國最大貿易出口國。〔註 32〕筆者以爲：由於早在 1844 年（道光 24 年）7 月之《中美望廈條約》第三十三條，就明文規定禁止販賣鴉片。因此美國與中國的貿易，不像英國對華貿易有相當的比重建立在鴉片上面，而且也有很多美國商品是由英國輪船進口至中國，這使得美國對華貿易的實質總額可能還要提高許多。由此可見，中國市場的潛力對美國之重要。而庚子事變對於美國貿易影響有多大呢？至少就美國南方的棉花紡織業者而言，損失實爲悽慘，1899 年（光緒 25 年），其對華出口貿易總額業已達約 1,030 萬美元，超過出口至世界其他地區的加總，1900 年（光緒 26 年）卻因中國亂

〔註31〕牟安世，《義和團抵抗列強瓜分史》，頁 293。
〔註32〕*NYT*, June 23, 1900.

事而慘跌至約 520 萬美元。〔註33〕莫怪乎《美國貿易》（American Trade）即報導南方已有數家公司因失去中國市場而瀕於停止營業，並警告美國工業可能會重回數年前的蕭條與停滯。〔註34〕關於德國在華之商業競爭，佛勒也特別提醒美國政府：「從我的辦公桌望去，可以看到 6 艘中國的現代軍艦，全是德國或英國製造。一家德國大公司總有代表常駐北京。」〔註35〕美國雖在此時已領有菲律賓，但彼處人民正如火如荼的反抗美國統治，劇戰方酣，美國已是窮於應付，無力兼顧中國情勢。但是另一方面，美國國內各界、特別是教會方面，則是不斷的催促、施壓政府，立即增兵中國，協同列強，拯救美國傳教士以及美國僑民。畢竟教會人士關切的是在華美國教士、僑民的人身安全，而非國家政策之利益。由於麥金萊政府截至目前為止，對於增兵中國與否的問題，都是採取靜觀其變的態度，不肯對各界呼籲有明確的回應。美國媒體對政府也就有所抨擊。素為自由主義堡壘的《紐約時報》就質疑麥金萊總統的共和黨政府：「俄國正出兵拯救其僑民，而其他國家也在準備一樣的事。如果他們都可以這麼做，為什麼美國就是不能？」〔註36〕對此，國務院只能回答：「康格公使已獲得完全授權來行動。如果他判斷登陸部隊需要增援，就會有增援」；〔註37〕甚至進一步解釋「美國政策並不允許此間政府如同一些歐洲列強所享有的行動自由。」〔註38〕在當時美國社會的氛圍，對於政府這樣推託的態度雖無法接受，一時之間卻也無計可施。事實上，國務院一方面應付社會輿論，另一方面，海約翰國務卿卻訓令康格公使：「除了全力保護美國利益、尤其是美國公民與公使館之外，我國在中國則無其他政策。莫做任何會使我國陷入有違你一貫訓令之行動。絕對不可與他國結盟」；〔註39〕

---

〔註33〕McCormick, *China Market*, p. 157.

〔註34〕McCormick, *China Market*, p. 157.

〔註35〕*NYT*, June 23, 1900.

〔註36〕*NYT*, June 07, 1900. 在這篇題為〈國務院中國問題之兩難〉（State Department's Dilemma over China）的專文裡，有許多精闢論點可使吾人從側面觀點瞭解麥金萊政府的對華政策。例如其中就提及海軍派遣至中國的軍艦海倫娜號（Helena），係專門為中國地形所設計，吃水僅 11 英呎，可溯北河而上直抵天津。該艦主要配備 8 尊 4 吋速射礮，建制為艦長 1 人、軍官 10 名、海員 166 員，專門用來應付義和團這類半組織化的暴動。由此可見美國海軍對中國之關注。

〔註37〕*NYT*, June 07, 1900.

〔註38〕*NYT*, June 07, 1900.

〔註39〕*FRUS, 1900*, p. 143.

《紐約時報》在專文裡一針見血指出：「政府如果增兵中國、或與歐洲列強協同行動，就會違反其意願被捲入可能導致中華帝國被瓜分之運動。」〔註40〕由此則衍生出一個根本的重大問題：由於美國政府堅決反對將美軍置於任何歐洲海軍提督之統率下，設若任何歐洲國家，尤其是英國，若將其部隊置於美國將軍統率，則美國該如何應對？〔註41〕這一語道出了美國政府在中國之困境。

關於列強的態度，各國皆在此刻密切注意其他國家的舉動，再決定下一步動作，而在所有列強之中，沙俄無疑地是所有列強關注的第一目標，美國也不例外，但是其對於德國的行動，也始終保持注意。《紐約時報》就報導德國的立場：德皇威廉二世以及外交大臣布洛夫伯爵認為中國的排外運動必須鎮壓，才能恢復該國的活力並確立健全的商業條件；德國希望列強由衷合作，而不是單一國家或某個集團要在中國局勢中收割自私的好處；德皇陛下也指示：德國絕對不會私自前進，並且願意與列強忠實合作，但即使德國被懷疑在追求個別的目標，也決不會放任中國目前的局勢繼續下去。〔註42〕

總而言之，此時的美國政府對於中國問題，其所畏懼者乃是列強是否出兵瓜分中國，卻又深怕因此而與列強在中國有軍事上的同盟關係，以致違背其不介入歐洲事務的傳統國策。

德國方面，自其強佔膠州灣以後，確實有過瓜分中國的野心，但經過精密的計算後，暫時放棄這種陰謀。例如德國東亞通巴蘭德自其卸任駐華公使之後，回到德國即擔任外交部對華政策最高指導顧問，他在1899年（光緒25年）4月就提出一份報告：「簡單地算一下，對這些不大願意讓我們把意志強加於他們的人們，如果每一千人或兩千人需要一人來維持秩序的話，那麼我們在那裡（山東）就要有一萬三千至二萬六千人才行。其他在中國比我們擁有勢力範圍更大的國家所需的駐紮人數還要多得多。因此我認為，沒有任何一個歐洲國家打算用這一方式陷身於中國。」〔註43〕顯然，德國當局估量進一步瓜分中國所需的人力、財力之後，根本是其不敢想像的沉重負擔，況且僅山東一省，就有英國之威海衛租借地兼之日本在山東的貿易，〔註44〕若

---

〔註40〕 *NYT*, June 07, 1900.
〔註41〕 *NYT*, June 07, 1900.
〔註42〕 *NYT*, June 10, 1900.
〔註43〕 米琪，〈義和團運動時期德國對華派遣遠征軍的原因〉，頁46。
〔註44〕 米琪，〈義和團運動時期德國對華派遣遠征軍的原因〉，頁47。

想獨吞該省勢必引起與其他列強（包括美國）的糾紛，〔註45〕因此在6月上旬，其對華政策基本上就是要保全其膠州殖民地，又要阻止其他列強瓜分中國，也因此雖然背後動機各自不同，但在維持中國現狀這一點上，與美國正是不謀而合，於是美、德兩國就在中國有了一種奇異合作的空間。

在這個階段，美國態度還不是德國最主要的關切點，而是總的來看，德國將之與日本歸屬於英國的追隨者，自成一集團，而另一集團則是以沙俄為首的俄、法聯盟，德國必須謹慎游走於這兩個針鋒相對的集團之間，審時度勢來謀取利益。對於敏感的中國問題，德國一開始採取非常謹慎的態度：想要在列強的矛盾之間謀取其最大的國家利益。外交大臣布洛夫伯爵就於6月7日在發給德國駐倫敦、巴黎、聖彼得堡、華盛頓等使館的訓令中，要求德國使節對駐在國澄清：德國參加其他國家的各種聯合步驟，純為保持共同利益，但沒有意思想比他們走得更進一步。由於駐日使節正好休假，布洛夫特別要求駐美大使和立本向美方詢問日本的立場。〔註46〕和立本則回報美國的官方態度為「只要保護美國在華的直接利益，這並不阻止在危急場合也兼要保護各友邦的利益，但對於個別的特殊事件，共同行動就需除外。她駐北京的公使已被賦予以極廣泛的全權，讓他應用他的專門經驗的判斷來決定一切個別事件。國務卿反對這個假定，即使俄國顯然地竭力想在別國前爭取主動，則美國將幫助英國。」〔註47〕此外，和立本亦回報日本的立場，其不論山縣或

〔註45〕原本威廉二世亦有詔令，囑咐德國海軍提督本德曼（Bendemann）伺機佔領煙臺，藉以擴大德在山東的勢力範圍，以作瓜分中國的所得。對於瓦帥，希利芬參謀總長也解釋了德皇此命令。瓦德西萬萬以為不可，蓋德若佔領煙臺，則對德堪稱友善而全力剿處義和團的東撫袁世凱，必將抵抗，則本就兵力薄弱的膠州情勢危殆，結果德國反倒引起山東戰爭代替直隸戰爭；國際局勢上，煙臺既為通商口岸，勢必引起英、美、日等國的強烈抗議，而且英、美、法、日等列強，也會將軍艦開到煙臺，遣兵登陸，如此則德國在該港日後之行動，反倒處處受制。最恐怖者，以德國薄弱的兵力而言，日本一國就足以將德國勢力逐出亞洲，況且山東也會伺機脫離德國控制。因此若果冒進佔領煙臺，會招致一無好處的奇恥大辱。而瓦帥深悉德皇性格，殊不可拒絕其命令，乃以大沽海灣結冰為由，須數月以後才能佔領煙臺，上奏德皇。及至1901年（光緒27年）2月，德皇果然下令，勿攻煙臺。詳見瓦德西，《瓦德西拳亂筆記》，頁85～89。

〔註46〕從這封電文中可以看出，德國一直認定美國與日本關係密切。孫瑞芹譯，《德國外交文件有關中國交涉史料選譯》（二），頁6。

〔註47〕*Die Grosse Politik*, V. XVI, pp. 9～10；孫瑞芹譯，《德國外交文件有關中國交涉史料選譯》（二），頁8。

伊藤內閣，若無迫切需要決不會貿然出兵；不過美、日的政策勢必會隨事態之發展而有重大轉變。〔註48〕

　　在 6 月上旬這個階段，德國與美國除了互相關切對方行動以外，也都在等待採取積極措施的時機。只是當西摩聯軍失敗的消息傳回柏林之後，德皇威廉二世有些按捺不住，認為這代表了「歐洲人在亞洲人面前丟臉，沒有任何疑問了……中國一般來說決定驅逐歐人出境。因此我們必須立刻準備一個共同性質的大軍事行動……各國必須派出大量軍隊組成聯軍……這是一個亞洲對全歐洲之戰爭」，〔註49〕因此此時的德國已在醞釀列強大規模的聯軍出動，威廉二世已在考慮派遣「一個負責的大將，來為德國的公使復仇。必須把北京夷為平地」，〔註50〕德皇這番 1900 年（光緒 26 年）6 月 19 日的言論到目前為止，仍有許多謎團：其一、筆者個人不認為德皇心中已經有非由德國將領出任聯軍統帥的念頭，他只是想要派出大將討伐中國。依照當時德國的外交方針，總想挑起英、俄對立，從中謀取好處，反之，又很害怕看到英、俄達成諒解，瓜分中國並將德國排除在外。所以即使看到俄國將軍領導聯軍進攻中國，因此而破滅其在中國心中的友善形象，德皇威廉二世也會極為樂見。而筆者根據《德國外交檔案》以及瓦德西個人的回憶錄來看，德皇是在 7 月 2 日確定了克林德公使遇害的消息後，才轉趨積極爭取聯軍最高統帥一職由德國將領出任，而瓦德西本人也是在 8 月初忽然接到德皇任命，說明德皇在最高統帥塵埃落定後，才通知瓦德西。其二、關於德國公使克林德之死，發生於 6 月 20 日，卻早在 6 月 16 日就由交換電訊公司（Exchange Telegraph Co.）報導北京使館區全毀以及克林德死訊，當時北京已切斷使館區對外聯絡電報，德國外交部經由其煙臺領事館查證後，只說日本魚雷艇證實使館區陷落，沒有克林德死訊。〔註51〕因此克林德之死的謠言，為何在他死前 4 天就已流傳，到現在依然是不解之謎，不過此時的德皇，根據德國外交部的查證，不是很相信克林德之死的謠言。總之此時的德國，還在虎視眈眈，尚未正式決

---

〔註48〕 *Die Grosse Politik*, V. XVI, p. 10；孫瑞芹譯，《德國外交文件有關中國交涉史料選譯》（二），頁 8。

〔註49〕 *Die Grosse Politik*, V. XVI, p.14；孫瑞芹譯，《德國外交文件有關中國交涉史料選譯》（二），頁 12。

〔註50〕 *Die Grosse Politik*, V. XVI, p.14；《德國外交文件有關中國交涉史料選譯》（二），頁 12。

〔註51〕 *Die Grosse Politik*, V. XVI, pp.12～3；孫瑞芹譯，《德國外交文件有關中國交涉史料選譯》（二），頁 11。

定以何等規模的軍事行動介入中國。

但是中國情勢的演變，也改變了一些觀望不前的列強態度。北京城在 6 月初開始爲拳民盤據，彼等原先在郊區就開始焚燒教堂，並攻擊其口中信仰基督教的華人「二毛子」。在西摩聯軍來襲的傳聞到達北京後，群眾開始憤慨，6 月 10 日以後就攻擊北京城內教堂、殺害教民。6 月 14 日，有義和團眾來到列強使館區的東交民巷，而 5 月底進城的那批列強軍隊，在風聲鶴唳的狀態之下，草木皆兵，13 日下午德國軍隊就聯合義大利軍隊，襲擊附近廟宇的義和團群眾，現在德國海軍陸戰隊又開槍攻擊正在練拳的義和團群眾，擊斃約 20 人；〔註52〕美國康格公使則回報，德軍 6 月 17 日又與清軍衝突，打死 5 人。〔註53〕而美國康格公使在 6 月 4 日就已察覺使館對外的電報已被切斷，當時就已很心急期盼援軍到來，〔註54〕現在對德國人的作法，頗不以爲然，擔心會使得「只有少數衛隊的使館更加危險。」〔註55〕而義和團，受到列強使館區衛隊的挑釁，果然大怒，從 6 月 15 日起也開始攻擊法國在北京最大的西什庫教堂，該堂又稱北堂，而列強衛隊也分派一部份人手保護教堂。使館區之所以久攻不下，部分原因也是由於中方一些避免與列強開戰的官員所助：例如榮祿就託辭怕會傷及皇家聖地與祖廟，拒絕其麾下現代化礮兵進攻使館區；而袁世凱、李鴻章、劉坤一、張之洞等地方撫督與列強的合作，也極其重要；〔註56〕慶親王奕劻雖然沒有勇氣勸諫慈禧，但至少他壓抑其麾下 5 萬旗兵禁衛軍的怨氣，沒有放任彼等狂攻使館區，也暗中保護了使館區的安全。〔註57〕在慈禧重臣中，李劍農認爲榮祿最不可原諒，因爲彼掌有北洋軍權，身爲軍機大臣，又爲太后親信，卻明知義和團眾不可恃，外釁不可妄開，卻任義和團在直隸發展至不可收拾局面，就因爲一個「依違取寵」的念頭。〔註58〕於是義和團與部分清軍，遂與列強使館區衛隊保護下的外交人員、教士、一般外僑、中國教民在這兩個地點對峙，僵持不下，直到 8 月中八國聯軍進城解圍爲止。

〔註52〕 Steiger, *China and the Occident*, p. 221.
〔註53〕 Mr. Conger to Mr. Hay, Jun. 18, 1900, *FRUS 1900*, p. 151.
〔註54〕 Mr. Conger to Mr. Hay, Jun. 4, 1900, *FRUS 1900*, p. 141.
〔註55〕 Mr. Conger to Mr. Hay, Jun. 18, 1900, *FRUS 1900*, p. 151.
〔註56〕 Kindermann, *Der Aufstieg Ostasiens in der Weltpolitik*, p.89.
〔註57〕 W. A. P. Martin, *The Siege in Peking: China against the World* (New York: Fleming H. Revell Company, 1900), p. 104.
〔註58〕 李劍農，《中國近百年政治史》，頁 207。

尤其 6 月 17 日，列強軍隊以原本就在中國的俄軍 3,000 多人、日軍 1,600 人為主力，在付出慘重代價後，攻佔了大沽礮臺。聯軍這一行徑實則決定了戰爭不可避免。〔註 59〕當聯軍強攻大沽礮臺時，美國卻藉口國際法，故其海軍拒絕參與礮轟大沽要塞的攻擊。〔註 60〕聯軍對大沽礮臺的配備感到讚嘆，認為這是最好的要塞，而其中主要武器幾乎都是克虜伯各式火礮，威力強大。〔註 61〕不過大沽礮台陷落後，英國宣布要自印度加派一萬軍隊，而麥金萊總統也宣布從菲律賓再抽調一萬大軍來華，若再加上日本的兩萬大軍，美國、日本、英國似乎就可以掌握整個戰況。〔註 62〕原本慈禧還在猶豫不決，但列強直接佔領礮臺的行為，完全無正當理由，使得清廷大驚，以為這是列強正式宣戰的開始，於是事情完全惡化。原本 6 月 16 日，慈禧召開第一次御前會議，和戰無定論；隔日，在第二次御前會議中，戴漪等為激怒慈禧，假造洋人照會，內有「皇太后歸政」一條，為了確保自身權位，慈禧已然傾向開戰；〔註 63〕18、19 兩日，續開三、四次御前會議，主戰派占了上風，決定開戰。並於 6 月 19 日勒令列強公使於二十四小時內離開北京，清軍將護送他們至天津，列強公使們怕危險，不肯離去，而德國公使克林德在 6 月 20 日不顧其他列強公使之勸阻，執意前往總理衙門再次交涉。途中，克林德遇到巡邏的清廷神機營章京恩海（？～1900），由於克林德先拔槍射擊，恩海在自衛下擊斃了德國公使。此事傳統的說法，乃恩海受到端郡王戴漪的教唆，執意打死德使，以迫使慈禧與列強戰到底。日後，殺害德國公使一事，李鴻章向行在報告，恩海受何人命令沒有佐證，已被繼任德使穆默下令槍決，可勿追究。當時北京城危險的局面，外使若外出極為危險，按袁昶之說，總署已對外使提出警告；按英使竇納樂之說，彼等未接到總署警告，但各國公使皆勸阻克林德外出。因此按國際法而言，若德使先開槍致被擊斃，清廷有權拒絕賠償。不論如何，克使被戕，既無證據係端王等下令，則中國雖有一定責任，惟不能論定中國因冒犯公使而違背國際公法。此事至關重要，故清廷指示李鴻章

〔註 59〕 Joseph W. Esherick, *The Origins of the Boxer Uprising* (Berkeley: University of California Press, 1987), p. 302.

〔註 60〕 Kindermann, *Der Aufstieg Ostasiens in der Weltpolitik*, p.87.

〔註 61〕 C. C. Dix, The World's Navies in the Boxer Rebellion (London: Digby, Long & Co., 1905), p. 278.

〔註 62〕 H. C. Thomson, China and the Powers: A Narrative of the Outbreak of 1900 (Westport: Hyperion Press, 1981), p. 228.

〔註 63〕 傅啟學，《中國外交史》（上），頁 169。

據理力爭，但李不敢或知其不可爲而罷。〔註64〕爲此，相藍欣有縝密的考證，也認爲德國爲了諸多理由，明知恩海是自衛，仍執意處死之。〔註65〕但無論眞相爲何，對中國傷害至深。

佔領大沽的聯軍，卻在 6 月 20 日發表《大沽宣言》，聲明：

> 駐華各國水師提督等爲曉諭事，照得目下北省團匪作亂，各國之所以調兵進京者，不過爲救援各國人民起見，並非另有他意。茲當拔隊進京，如有團匪或中國人民敢於阻御者，定即痛加攻擊；苟不阻拒，亦斷不侵犯地方。爲特諭中國沿海及沿江等省督撫及一切官員知悉。

這是由於列強在西摩遠征軍一役中，已經認識到中國軍民的勇敢，不得不修正原本輕視中國的態度。牟安世認爲這是中國瓜分危機一次的緩解。〔註66〕

但是如此侵犯中國，清廷在忍無可忍的情況下，也在 6 月 21 日發表了《宣戰上諭》：

> 朕今涕泣以告先廟，抗慨以示師徒，與其苟且圖存，貽羞萬古，孰若大張撻伐，一決雌雄。〔註67〕

惟此所謂宣戰詔書，基本只是對內，並未送達各國，甚至未指明何國爲宣戰對象，實屬怪異。〔註68〕

另一方面，宣戰同天，慈禧又下詔招撫義和團：

> 義和團此前以血肉之軀與槍炮相搏，已殺敵不少。不用國家一兵，不糜國家一餉，甚至髫齡童子，亦復執干戈以衛社稷。此等義民，所在皆有。如能招集成團，借禦外侮，必能得力。〔註69〕

慈禧的招撫，使得整個華北義和團民，咸感興奮，全面使中國與西方列強的關係進一步惡化。列強紛紛決定派遣大軍至中國。但是隨著聯軍攻勢的進展，慈禧很快又後悔了宣戰的決定，企圖向列強乞和，對於義和團又轉「撫」爲「剿」，但是已經太遲了。

---

〔註64〕 張海鵬，〈試論辛丑議和中有關國際法的幾個問題〉，頁 86～87。
〔註65〕 相藍欣，《義和團戰爭的起源》（上海：華東大學出版社，2003 年 12 月初版），頁 334～355。
〔註66〕 牟安世，《義和團抵抗列強瓜分史》，頁 311～312。
〔註67〕 《義和團檔案史料》（上），頁 162～163。
〔註68〕 大陸學者胡繩最早指出這點。張海鵬，〈試論辛丑議和中有關國際法的幾個問題〉，頁 96～97。
〔註69〕 《義和團檔案史料》（上），頁 162。

## 二、美國同意瓦德西出任聯軍總司令的先決條件

　　列強聯軍卻在 7 月 14 日佔領天津以後，都感到出於保證「在中國領土內的統一行動」之故，勢必要將「所有這些特遣部隊的總的統率和指揮權集中在某一個人手中」。〔註 70〕列強對這個總司令人選的問題，立場自然分歧。列強之間，特別是英、俄兩國對於聯軍最高統帥權的爭執也就日益激化。尤其庚子事發時，英國除了維持美國與日本的合作，最關切的就是束縛德國，以免其追隨俄國領導。當時沙侯暗中視俄國爲最大問題，中國反倒不是主要問題，故英國忌諱俄國會站在慈禧背後，得以將直隸與北京都染指，變成其勢力範圍。〔註 71〕故英國方面，主張以軍階高低來決定最高統帥的人選，言下之意，就是指西摩中將，因爲他就是當時在華各國聯軍中軍階最高的將領。〔註 72〕英國政府並且明確通知列強：「不願意看到其軍隊由外國司令來指揮。」〔註 73〕日本是英國的支持者，但也主張最高統帥人選或可由各國在華部隊的數目來考慮。〔註 74〕

　　對於沙俄而言，其政府對此時的在華政策原本尚無共識，拉姆斯道夫（Vladimir Lamsdorf，1845～1907）外交大臣深怕由俄國將領擔任聯軍之最高統帥，會使之「處於顯然敵視中國的地位」，而且「假如法、德以及甚至英國並不急於在中國增加軍隊」，而是將他們在大沽及天津的軍隊委託俄國作總的統率，俄國是否就要對這些列強也具有「義務和責任」？〔註 75〕還在舉棋不定。現在最高統帥問題已經浮上檯面，因之軍界方面，沙俄陸軍大臣庫羅巴特金（Alexei Kuropatkin，1848～1925）也就力主，基於俄軍擔任聯軍攻佔大沽礮台與天津的主力，俄軍將領理當出任八國聯軍之最高統帥一職：「目下應把所有列強軍隊的領導權委託給阿列克謝耶夫提督，因爲他有統率軍隊的權力」；〔註 76〕庫羅巴特金甚至向德國駐聖彼得堡代辦表明沙俄參與共同進攻北京的條件爲：俄軍不得歸於一個英國、日本或美國將領的指揮，並表示普魯

〔註 70〕李德征，《義和團運動史》，頁 347。

〔註 71〕Langer, *The Diplomacy of Imperialism*, p. 695.

〔註 72〕李德征，《義和團運動史》，頁 347。

〔註 73〕*Die Grosse Politik*, V. XVI, p.52；孫瑞芹譯，《德國外交檔案有關中國交涉史料選譯》（二），頁 48。

〔註 74〕李德征，《義和團運動史》，頁 347。

〔註 75〕張蓉初譯，《紅檔雜誌有關中國交涉史料選譯》（北京：三聯書店，1957），頁 226。

〔註 76〕張蓉初譯，《紅檔雜誌有關中國交涉史料選譯》，頁 225。

士的亨利親王可擔任聯軍最高統帥，惟其不在中國，殊爲可惜。〔註 77〕其實庫羅巴特金的言行，適足以證明俄人之虛僞陰險，一方面以退爲進，掩飾俄人自身想出任最高統帥的企圖，一方面拉攏德國以對抗英日，至於亨利親王一事，明知其已不在中國猶故意提起，不過是客套罷了，但德國方面卻視爲沙俄不反對德人出任最高統帥的暗示，開始積極運作。外交界方面，其外交大臣拉姆斯多夫針對英國和日本，則「毫不猶豫地反對按照軍階的高低或所率部隊人數的多少，以擇定這樣一位總司令官的方案」，〔註 78〕因爲「由於各國所作的努力都是爲了達到相同的目的，……俄皇政府以爲不應該把特別重要的作用歸於這個或那個國家特遣部隊的行動。甚至不該算特遣部隊人數的多少，從各國對完成共同承擔的工作所做的貢獻看來，都具有同樣的價值。」〔註 79〕此時沙俄政府內部已凝聚共識，首要之務就是需排除英國、甚或日本將領出任總司令，必要時由俄軍將領出馬擔任最高統帥也在所不惜了。

由於英國在南非與荷蘭、法國與德國白人移民後裔所形成的混合民族波耳人（Boer）戰爭中，動用了含傭傭兵在內 45 萬人的大軍，其實已無力再調集足夠軍隊至中國，而且因爲在波耳戰爭中，英軍表現不佳，復加上西摩聯軍的失敗，因爲西摩爲英國人之故，列強也不放心將軍隊交給英國指揮。至於沙俄，除了法國以外，列強也都找理由反對由俄國將軍出任聯軍統帥，尤其英國與俄國本就不合，而日本更是與俄國在中國東北競爭的對手，因此與英國聯手反對俄國指揮。至於美國，雖然民間對於與英國、日本站在同一陣線的呼聲，頗爲高漲，但是官方依然保持不介入歐洲列強勾心鬥角的政策。綜上所述，就目前而言，德國對於聯軍最高統帥一職，尚未勢在必得，只是靜觀其變。如此一來，反而就比較有外交空間可以施展。

原本德皇侍從參事公使梅特涅伯爵（Count von Mitternich）就對布洛夫說過：「我同意陛下的見解，特別是爲我們打算，只有一致行動能減輕目前局勢的危險，且我們必須竭力暫時避免加入可能正在進行組織的這一個或那一個列強集團。」〔註 80〕對此，布洛夫極爲贊成，並上書德皇再次強調：「陛下出

---

〔註 77〕 *Die Grosse Politik*, V. XVI, p.34；孫瑞芹譯，《德國外交文件有關中國交涉史料選譯》（二），頁 31。

〔註 78〕 李德征，《義和團運動史》，頁 348。

〔註 79〕 李德征，《義和團運動史》，頁 348。

〔註 80〕 *Die Grosse Politik*, V. XVI, p. 13；孫瑞芹譯，《德國外交文件有關中國交涉史料選譯》（二），頁 11。

頭的機會尚未來到，而且這個機會將因英日與俄法兩集團間利益的衝突愈發展，愈尖銳化，而對於我們愈有利地發展」；〔註81〕在聯軍攻佔大沽港口以後，布洛夫外交大臣又說：「在中國的歐洲軍隊的統帥問題已擱起來了。如果這個位置最後落在我們身上，則對於我們的面子有利的。從英日和俄法野心的自然衝突，也許最高司令官可交給比較中立的德國。但是在這方面尚談不到我們方面的壓力。」〔註82〕至少就目前而言，德國對於聯軍最高統帥一職，雖然仍在靜觀其變，已初步浮出覬覦之心。到了7月2日以後，既然證實了克林德公使死於清軍之手後，德國態度轉趨積極爭取聯軍最高統帥，而其他列強卻覺得道義上越來越難拒絕德國這項要求。但是沙俄在7月4日，還企圖要求威廉二世保證，不會改變中國現狀或瓜分中國，而且與俄國一起支持中國的中央政府。如此只是使得德皇更加暴怒，認為是俄國的「口是心非」與嘲諷。〔註83〕事實上，7月9日，沙皇尼古拉二世就下令俄軍向中國滿洲行進。〔註84〕而在7月22日，布洛夫外交大臣就透露了德皇威廉二世的想法：「既然目前君主國家在國際會議間仍占多數，在這樣有世界歷史性的事件中把領導地位給一個共和國家在政治上是不能接受的。」〔註85〕到了此時，德國就先行把美國與法國排除在競爭最高統帥的行列，至於日本，基本上只是跟隨西方列強行動，還沒有發號施令的資格，如此就只剩英國與俄國會是其爭奪聯軍帥位的關鍵了。

　　德國就利用英俄相持不下的僵局，從中牟利。俄國方面，在其國內對中國主和、主戰兩派爭論已久的情況下，沙皇尼古拉二世終於聽從了庫羅巴特金等人的主張，不顧外交大臣拉姆斯多夫等人的反對，悍然全面向中國的滿洲侵略，從這一刻起，沙俄即專注在吞併滿洲的野心上，對於北京的戰事，在自知不可能爭取到聯軍最高統帥職位後，就如德國所判斷，傾向由比較中立的德國獲得，而且又可以表達對克林德公使遇難一事的支持，因此俄國駐

---

〔註81〕 *Die Grosse Politik*, V. XVI, p. 17；孫瑞芹譯，《德國外交文件有關中國交涉史料選譯》（二），頁15。

〔註82〕 *Die Grosse Politik*, V. XVI, pp. 18～9；孫瑞芹譯，《德國外交文件有關中國交涉史料選譯》（二），頁11。

〔註83〕 B. A. Romanov, tr. by Susan Wilbur Jones, *Russia in Manchuria, 1892～1906* (Ann Arbor: Edwards Brothers Inc., 1952), p. 183.

〔註84〕 明驥，《中俄關係史》（下）（臺北：三民書局，2006），頁242。

〔註85〕 *Die Grosse Politik*, V. XVI, p. 68；孫瑞芹譯，《德國外交文件有關中國交涉史料選譯》（二），頁64。

德大使就暗示了：「我們不認為俄國對北直隸的軍事行動區域有特別的興趣。」
〔註 86〕而英國方面，由於其私下企圖與俄國達成在中國瓜分地區的諒解，以中國的滿洲歸於俄國，而英國則可擁有長江流域，但是俄國拒絕了，因為俄國絕不願放棄有 2 億 2000 萬人口之富庶的長江流域，因此沙侯也就表示「他寧願一位德人為最高司令。他不會為英國要求這個職位，因為他以英兵需要保護華南為藉口要盡可能地避免參加華北的戰爭，把那裡解決的事留給其他國家。」〔註 87〕

　　在 7 月 27 日這一天，當聯軍統帥問題似乎正逐漸明朗化，朝著對德國有利的方向行進時，德皇威廉二世在不萊梅港口，在兩位皇子以及首相何倫洛熙陪同下，向開拔前往中國的德軍作了惡名昭彰的「殺無赦」之匈奴演講：

> 你們不僅要為公使的死復仇，而且還要為許許多多的德國人和歐洲人報仇。如果你們碰到敵人，就殺了他們，不要寬恕他們，不要留活口。如果有誰落在你們手裡，就好好地收拾他們。一千多年前，匈奴人在他們的王阿提拉的率領下，在歷史上留下了不可磨滅的名聲。現在，你們要像他們那樣，在中國樹立德意志的威名，直到所有中國人不敢蔑視德國人。〔註88〕

這篇演講，儘管在德國當局要求不要洩密的情況下，還是流露出去，讓全世界都知道德皇野蠻而荒謬的言辭。雖然外交大臣布洛夫竭力修飾、刪改此篇演說，企圖美化乃至淡化其內容，聲明這絕非德國真實的政策，對德國的傷害已經造成。

　　《紐約時報》等美國媒體隔天就報導了德皇演說的全文；〔註 89〕而且美國媒體也持續關注德皇這篇言行的後果，轉載了德國眾多媒體的評論：如德皇要部隊將文明帶進中國，又要部隊犯下殘酷的暴行根本就矛盾、德皇根本無權如此下令部隊、德皇會破壞聯軍和諧、將發表此演說的德皇與 1898 年（光緒 24 年）演講基督福音的德皇作比較；〔註90〕全德國九成人都不贊同德皇「殺

---

〔註 86〕 *Die Grosse Politik*, V. XVI, p. 72；孫瑞芹譯，《德國外交文件有關中國交涉史料選譯》（二），頁 67。

〔註 87〕 *Die Grosse Politik*, V. XVI, p. 72；孫瑞芹譯，《德國外交文件有關中國交涉史料選譯》（二），頁 66。

〔註 88〕 路遙主編，《義和團運動文獻匯編》德譯文卷，（濟南：山東大學出版社，2012年），頁 217～218。

〔註 89〕 *NYT*, Jul. 28, 1900.

〔註 90〕 *NYT*, Jul. 29, 1900.

無赦」的演講；〔註 91〕謂之「如果從德皇公開威脅的口氣合理推論，德國將會堅持爲克林德之死的報復戰爭……我們不能允許瓦德西爲了純粹德國目的指揮美軍」；〔註 92〕認爲克林德公使之死是單純的意外，倒是將德皇比之爲唐吉訶德而嘲笑。〔註 93〕德國國內也不乏反對出兵中國的例子：例如 1900 年（光緒 26 年）6 月，社會民主黨在《前進報》就表示，中國的暴動正是德皇的鐵拳政策所引起；柏林也有一家報紙，譴責德皇以鐵拳先侵略中國，以致今日滋生如此事端；而維也納的《時代報》（Zeit）也說，從德國強佔膠州灣起，鐵拳在東亞就成爲流行語，乃至中國也舉起了鐵拳，而中國是值得同情的。〔註 94〕一時之間，德國陷於各國及國內的懷疑之中，只是靠著布洛夫之外交部的努力釋疑，好不容易才使得風波暫息。

　　畢竟，在英俄兩強互相猜忌日深的情況下，德國還是有很好的機會。德皇威廉二世就在 8 月 5 日致電沙皇尼古拉二世，詢問是否同意由德國的瓦德西元帥出任聯軍最高統帥，獲得了沙皇同意；〔註 95〕而還在猶豫的英國政府，在 8 月 9 日考量了若不答應德國要求，德國可能又會重現 1895 年（光緒 21 年）之俄、德、法三國同盟，在中國對抗英國；而且在瓦德西到達中國以前，聯軍進攻北京城一役應已結束，因此聯軍最高統帥一職也就不那麼重要了。〔註 96〕因此，英國也同意了瓦德西的任命案。

　　由於美國已出版的官方文書對於瓦德西擔任統帥之事只有少數的電文，在筆者的分析之前，就必須借助《紐約時報》來瞭解美國政府的態度。該報先是報導民主黨籍的外交委員會主席摩根參議員，在論及德皇威廉二世時就表示：「如果他是清醒的話，如果有關他聲明的報導無誤的話，那很顯然他已決心發動戰爭……無人知道這是否會將我國也捲入……但這將使得我國始終迴避戰爭。海約翰先生一直極智慧，有政治家風範，他反映了政府在國外處世周密，也超越了國外各政府的成就。」〔註 97〕這至少表明了當最高統帥問題在歐洲列強間進入最後階段時，作爲第二線參與國的美國，在海約翰國務卿主導之下，在列強背後密切注意情勢而又暫不表態，謀定而後動，爲自己爭取有利的籌碼。這就如同《紐約時報》在 8 月 10 日的報導所言：「自中國

〔註 91〕 *NYT*, Aug. 26, 1900.
〔註 92〕 *NYT*, Aug. 30, 1900.
〔註 93〕 *NYT*, Aug. 31, 1900.
〔註 94〕 丁名楠，〈德國與義和團運動〉，頁 81。
〔註 95〕 L. K. Young, *British Policy in China*, (Oxford: Clarendon, 1970), p. 154.
〔註 96〕 Young, *British Policy in China*, p. 154.
〔註 97〕 *NYT*, Aug. 5, 1900.

亂事初起，我國政府即爲標誌其行動特色之清醒與審愼所引導，它對於任命德國將軍瓦德西伯爵作爲在中國合作之各國部隊最高統帥一事，遲而不決。」〔註98〕該報同日另一篇報導則說明美國之遲而不決，殊非拒絕，係基於兩個原因：其一爲當聯軍進入北京而且瓦德西也抵達之後，中國情勢會如何演變尚不可知；其二最高統帥之權限尚未討論，故美國政府堅持在同意瓦德西任命案之前，先行釐清其權責。〔註99〕這篇報導也指出，美國政府對於德國提名瓦德西元帥事實上極爲滿意，也認爲沒有比他更好的人選了。〔註100〕

　　如果輿論界皆已眞實反映美國並不反對瓦德西，則美國官方又是如何因應瓦德西將出任聯軍最高統帥一事呢？駐德代辦傑克森回報國務院：「日本及俄國皆願意將其在直隸省的部隊置於瓦德西元帥麾下，供其統御；德國政府想要知道美國對於最高統帥一事有何看法，並且以何種方式會願意將其在直隸省的部隊亦歸於瓦德西元帥麾下聯軍。」〔註101〕顯然在斟酌如何回應之後，副國務卿艾迪訓令傑克森答覆：

　　　　美國政府深感欣慰能有瓦德西伯爵這等傑出並素具經驗之將官指揮，俾能在該將官抵達中國後美軍所參與的聯合作戰中，達成本政府於七月三日所致各國通牒中宣布之目的。

　　　　現在中國指揮美軍之將軍已獲授權，可以偕同其他指揮官在聯合作戰中獲致各國部隊共同的官方指揮，並保有完整的美國師團以作爲獨立之組織。瓦德西伯爵抵達中國之前必耗費相當時日，而情勢卻迅速變遷，故似應將方式的問題鑑於當時可能存在之情形再行決定。〔註102〕

---

〔註98〕 *NYT*, Aug. 10, 1900. 美國政府對於瓦德西的任命案，係8月10日答覆德國。若考慮紐約與柏林之間的時差，則《紐約時報》同日的報導，應該是在知曉政府答覆之後所刊出。

〔註99〕 *NYT*, Aug. 10, 1900.

〔註100〕 *NYT*, Aug. 10, 1900.

〔註101〕 Mr. Jackson to Mr. Hay, Aug. 7, 1901, *FRUS 1900*, p. 330.原文應是將日期誤植爲1901年。在同日稍後附上德方外交部前述訊問英譯本的電文裡，傑克森簡短介紹瓦德西元帥歷任參謀總長老毛奇元帥（Helmuth von Moltke the Elder）的主要參謀、現爲德國五位元帥級演習檢閱官之一；也說明其夫人爲已故紐約人大衛·李（David Lee）之女，見 Mr. Jackson to Mr. Hay, Aug. 7, 1900, *FRUS 1900*, p. 331.事實上，傑克森並未提及瓦德西夫人之名。大衛·李爲一富商，其第三女瑪莉（Mary Esther Lee）原本嫁給丹麥的腓特列親王（Prince Frederick），後被奧國封爲王妃；腓特列親王死後，再嫁瓦德西。

〔註102〕 Mr. Adee to Mr. Jackson, Aug. 10, 1900, *FRUS 1900*, pp. 331～332.

美國之如此答覆的原因即在於她要先確認海約翰國務卿 7 月初第二次「門戶開放政策」通牒所言，保護中國領土完整之效力，現下藉由德國提出最高統帥問題的機會，趁機再與德國進一步確認，以作爲德國換取她同意的先決條件，同時又可對德國無形中產生一種拘束力。這就是她想爭取的籌碼！事實上，由於此時瓦德西出任聯軍最高統帥基本上可說大勢底定，只剩法國還在掙扎，遲遲不願同意，美國表面上還是與德國保持友好，原本就會同意，所以順勢提出第二次的「門戶開放政策」爲同意的先決條件，著實是極凌厲的一步棋，對比於其他列強所答覆德國者皆無提及此事，可見美國之用心；何況瓦德西率領之德國遠征軍抵達中國，至少也是 10 月以後的事情，屆時事情之演變如何，尚是未知數。至於最高統帥的權責問題，美國考慮再三後，發覺無須多慮，因爲德國的詢問裡既已指明是美國在直隸的部隊，那麼在瓦德西到達中國之前，只要撤軍就沒有問題存在，這也正是所有列強的盤算，何況美國也聲明美軍不可能被打散建制，保有完整之獨立地位。在德國方面，在各種考量之後，她深感實無力瓜分中國，在中國兵員又不多，因此防止其他列強瓜分中國也是主要目標之一，因之欣然接受美方的答覆，無形中也就再確認了「門戶開放政策」，而且接受美國答覆後，在形式上也就形成了所有列強皆已同意瓦德西出任聯軍最高統帥，若法國再不合作，也說不過去。而就兩國雙邊關係的整體脈絡而言，雙方此時正處於難得的融洽狀態，畢竟 7 月中才簽署了互惠的商業條款，總算爲雙方紛擾多年的商戰劃下句點，而這一點不論是布洛夫外交大臣還是海約翰國務卿，都是竭力保護的外交關係；而美國陸軍的魯德諾將軍（William Ludlow）也正在柏林訪問，並同德國的國防大臣、參謀總長會面交流，他主要目的就是要去參謀本部見習，並建議美國若要成立參謀本部就要學習德國的戰爭學院（Kriegsakademie）。〔註103〕凡此種種皆顯示了美德關係此際的良好。在這種情況下，雙方在中國又各取所需，遂達成了瓦德西出任最高統帥的協議。於是德皇威廉二世與美國麥金來總統互發賀電，表示合作愉快。〔註104〕

---

〔註103〕 *NYT*, Aug. 5, 1900.
〔註104〕 德皇賀電云：「朕極爲喜悅收到美國決定，美德軍隊將在同一統帥下共同爲文明陣營而奮戰。貴國勇猛之師近來已展現諸多驍勇特質，與歐洲聯合勢必無敵。將榮幸領導貴國軍隊之瓦德西伯爵元帥，對美國並不陌生，其夫人爲美國人。尚望閣下接受朕由衷之感謝美國對於瓦德西伯爵領導能力之信任。」見 The German Emperor to President McKinley, Aug. 11, 1900, *FRUS 1900*, p.

　　軍事上，則有下述值得注意之處：當瓦德西率領的德國大軍遠渡重洋，於10月中到達北京前，在中國早已集結之他國聯軍人數，眾說紛紜，有謂聯軍約18,000人，計日軍約8,000人、俄軍約4,800人、英軍約3,000人、美軍約2,100人、法軍約800人、奧軍58人、義軍53人，至於德軍尚未抵達；〔註105〕對於進京解圍的聯軍，瓦德西亦說無德人在內。〔註106〕有謂日軍7,200人（步兵6,000、騎兵150、工兵450）、俄軍3,480人（步兵3,300、騎兵180）、英軍2,259人（步兵1,859、騎兵400）、美軍1,670人（步兵1,600、騎兵70）、法軍步兵430人，合計14,450人；〔註107〕有謂聯軍人數大約20,000人，其中日軍約10,000人、俄軍4,000人、英軍3,000人、美軍2,000人、其他列強各約數百人；〔註108〕或謂聯軍人數大約為日軍10,000人、俄軍4,000人、英軍3,000人、美軍2,000人、法軍800人、德軍100人、奧地利與義大利軍100人，總計20,000人。〔註109〕至於查飛將軍（Adna R. Chaffee，1842～1914）指揮下的美軍，則有海軍陸戰隊450人、十四團1,000人、九團800人，並配備兩尊哈乞開司礮以及第五野戰礮兵連。〔註110〕其中美軍之步兵團，由麥金萊總統從新的馬尼拉基地抽調派遣5,000部隊至中國。〔註111〕而這次派兵並沒有先徵求國會同意，也沒有宣戰就徑赴中國與義和團作戰。麥金萊在此方面開啟了二十世紀總統權限新的案例。〔註112〕面對聯軍圍城之勢，中國猶在掙扎，8月5日，中國駐美公使伍廷芳（1842～1922）建議總署，如不能派兵護送使館人員退至天津，至少也該讓彼等與本國政府電保連絡，以示其安全。〔註113〕但是列強公使卻以

---

　　332：麥金萊總統則覆以：「極為欣慰收到陛下關於瓦德西伯爵之善意訊息，並且一如陛下，我也在我們共同使命中，另外察覺到美國與德國之間所存有之密切關係與相互利益。」見 The President to the German Emperor, Aug. 12, 1900, *FRUS 1900*, p. 332.

〔註105〕傅啟學，《中國外交史》（上），頁172。

〔註106〕瓦德西，《瓦德西拳亂筆記》，頁30。

〔註107〕李鳳飛，《八國聯軍侵華實錄》（一）（天津：天津社會科學院出版社，2012），頁347～348。

〔註108〕Arthur H. Smith, *China in Convulsion,* V. II (London: Oliphant, Anderson & Ferrier, 1901), p. 454.

〔註109〕Peter Fleming, *The Siege at Peking* (Oxford: Oxford University Press, 1983), p. 182.

〔註110〕Arthur H. *Smith, China in Convulsion,* V. II, pp. 454～5.

〔註111〕LaFeber, *The Cambridge History of American Foreign Relations*, V. II, p. 174.

〔註112〕LaFeber, *The Cambridge History of American Foreign Relations*, V. II, p. 177.

〔註113〕張禮恒，《伍廷芳的外交生涯》（北京：團結出版社，2011），頁110～111。

安全顧慮，拒絕清廷提議。而美國等列強，一來急著要解救公使館區之圍，二來主要就是考量讓瓦德西的最高統帥成爲空號，在其抵達北京城以前，就於 8 月中攻進北京城，解救了東交民巷的公使館區，而慈禧太后協同光緒皇帝則於 8 月 15 日倉皇西逃，經太原而逃到了西安。此外，也有史家指出，沙俄爲了爭取中國友誼，原本命令俄軍止在楊村，但俄軍仍參與了 8 月 14 日的進攻北京之役。其故安在？原來是命令尚未傳達至俄軍指揮官。〔註 114〕在進攻北京時，美軍與俄軍發生不愉快事件。〔註 115〕在 8 月 20 日，聯軍進佔北京後不久，列強又懷疑中國是否會有內戰問題，例如薩道義（Ernest Satow，1843～1929）自英國出發前往中國上任公使職位之前，又與外交副大臣柏蒂有所長談。薩道義總結柏蒂意見爲：英國應該對干涉中國內部事務保持距離，如果中國發生內戰，就讓內戰打出結果，直到強者出頭爲止。賀璧理則有個想法，即袁世凱可以在濟南府提供慈禧太后與光緒帝庇護，但他也認爲除了俄國、或許加上德國之外，其他列強皆不會趁機攫取中國領土；沙侯則懷疑德皇威廉二世對中國領土有極大的陰謀。而俄國在滿洲則要做很多事來吞併該地。〔註 116〕等瓦德西之德軍於 10 月 17 日進入北京後，他將發現除了名義上統領聯軍外，他實質能指揮的只有德軍。

聯軍入城後，大致情況爲「美軍防區一個月以來，華人爭來營業；相隔一個街區的德國防區，幾乎沒有人跡。」〔註 117〕對於美軍，瓦帥則以爲：彼等不可信任，其中夾有不少冒險份子，是故在天津街上有搶劫情事，甚至槍擊法國步哨。故該等軍士若非軍人，勢將爲禍中國。〔註 118〕至於聯軍在清宮偷盜寶物的行爲，則是「如花旗人（美國人），如俄羅斯人，如他國之人，皆是一樣。」〔註 119〕美國既爲參與懲罰義和團的列強之一，軍方則卻醞釀新的計劃，其目的是想要獲得在中國的基地而擴大美國勢力。美軍指揮官查飛將

〔註 114〕Langer, *The Diplomacy of Imperialism*, p. 696.

〔註 115〕查飛將軍所率美軍長驅直入，眼見就要攻入紫禁城內城，卻因外交事件而下令停火。原來俄國將軍派來聯絡的副官，因爲「沒有受到君子之間的以禮相待」，遂撤走原本要支援美軍的俄軍。查飛將軍在孤立無援之下，被迫停止部隊前進。參見 A. Henry Savage-Landor, *China and the Allies*, V. II (London: William Heinemann, 1901), pp. 209～210.

〔註 116〕Lensen, *Korea and Manchuria between Russia and Japan, 1895～1904*, p. 10.

〔註 117〕傅啟學，《中國外交史》（上），頁 173。

〔註 118〕瓦德西，《瓦德西拳亂筆記》，頁 29。

〔註 119〕李守孔，《中國近代史》（臺北：臺灣學生書局，1971），頁 625。

軍甚至建議國防部將天壇地區納為美國租界，蓋其在需要時可駐軍 5,000 人；
而直隸省及其以西地帶，由於沒有其他列強勢力，很適合美國發展。〔註 120〕
庚子亂後，德國卻因售華大量軍備，遭到英、美輿論的指責：例如赫德相當
憂心中國的發展，認為「中國重視並正在得到最好的武器，他們顯然正在學
習使用來復槍和大礮，他們正在改進軍事方法」；〔註 121〕「究竟是要給軍火商
的來復槍和大礮找到市場而把 4 億人的尚武精神從休眠狀態中喚醒呢，還是
應避免那幾億人可能誤用這些玩意而犧牲眼前的利益呢？」〔註 122〕至於義和
團對教民、外國人士殘酷野蠻之殺戮，俄軍在東北、聯軍在整個華北京畿各
種慘無人道的暴行，以及中國生靈塗炭之慘狀，皆不在話下，筆者也就不再
細述。〔註 123〕對於沙俄佔領滿洲一事，德國也有關注。即使在庚子事變時期，
仍有瀋陽的中國線民寄密信至北京德國公使館，報告瀋陽地區的民教衝突與
中俄矛盾。〔註 124〕由於美德兩國都只限於口頭抗議，顯然如筆者之前所言，
不可能為此事而與沙俄戰爭，因此本書也就不特別處理。

## 第二節　美、德對於日本出兵立場的分析

　　在義和團之亂爆發後起初幾個月，列強無不憂心其僑民乃至使館人員的
安危，尤其在 1900 年（光緒 26 年）6 月，由於北京的混亂，對外聯絡也被義
和團民切斷，又謠傳中國方面已經將北京的西方人士，不論其身分為何，屠
戮殆盡。在這種悲慘疑雲籠罩的情況下，各國對於是否擴大進軍中國規模，

---

〔註 120〕Iriye, *Pacific Estrangement*, p. 64.
〔註 121〕赫德（Robert Hart）著；葉鳳美譯，《這些從秦國來：中國問題論集》（天津：
　　　　天津古籍出版社，2004），頁 54。
〔註 122〕赫德，《這些從秦國來：中國問題論集》，頁 65。
〔註 123〕7 月 17 日，由於沙俄對華發動戰爭，在今日黑龍江省黑河市對岸的海蘭泡（俄
　　　　名布拉戈維申斯克，Blagoveshchensk）以及江東六十四屯地區，對世居該地
　　　　的華人以國家安全為由，逼迫彼等泅水渡過黑龍江到中國滿洲。不從者則被
　　　　哥薩克騎兵與當地志願者用刺刀、斧頭殺害，少數人被槍殺，絕大多數則溺
　　　　斃在黑龍江，只有數十人游到對岸，得以生還。所有罹難人數估計在五千人
　　　　以上。對此慘案，詳見 George A. Lensen, *The Russo-Chinese War* (Tallahassee:
　　　　The Diplomatic Press, 1967), pp. 89～103.也有人為俄國開脫，提出該屠殺非高
　　　　層下令，只是一如美國南方州對黑人的私刑、甚或模仿白人拓荒者對於印地
　　　　安人的作為。見 Lensen, *The Russo-Chinese War*, p. 93.
〔註 124〕孔祥吉，〈德國檔案中有關義和團的新鮮史料〉，《近代中國》，141，2001 年
　　　　10 月，頁 215～216。從這份情報來看，德國在清季中國的情報網值得研究。

還在互相猜忌、舉棋不定，尤其隨著地緣關係的遠近，各國派兵的難度又大有不同，因此離中國最近的亞洲新起強權日本，其動態格外引人注目，也因此成為本章必須探討的一節。不過必須注意的是，由於此時中國局勢的複雜與混亂，本章各節之間在時間上的關係往往並存，同時在進行中，是以筆者只好決定以個別的主題，分開探討，以求有個完整的系統。

至於日本本身對出兵一事的反應，原先國內各界的看法並不一致。思想上，日本此時瀰漫著一種向亞洲大陸擴張的企圖，並且希望做到所謂的「入歐脫亞」，成為西方列強中平起平坐的一員。例如此時的首相山縣有朋就是這種策略的支持者，因此他在 1900 年（光緒 26 年）7 月 6 日的閣議就提出：「值列國援兵未到，天津、大沽之軍困敵之時，如急派大兵，解彼地重圍，進而平北京之亂，各國將永謝我」的看法。〔註 125〕易言之，出兵中國無異於成為西方列強的一份子。而日本公使館主事杉山彬在 6 月 11 日遇害，〔註 126〕卻成為日本出兵的一個很好藉口。不過海軍方面則持反對看法，故當山縣內閣閣議決定因為杉山彬主事被殺，先行派兵 3,000 加入西摩聯軍時，青木周藏外務大臣就回憶了海軍大臣的反對，理由為義和團的排外運動對象是西方人，日本人不在其中。青木外務大臣則以杉山被殺一事加以反駁。〔註 127〕事實上，日人亦不乏認為義和團運動主要是反西方人、反基督教者，日本應該持中立態度。不過青木外務大臣所反應的深層憂慮則是一旦列強平定亂事，自將瓜分中國。〔註 128〕為此，日本自然深怕落於人後。

這時日本最重視之外國為英國，因為她感到英國是世上第一強權，又與日本友好，所以對於出兵中國一事，便思先行探詢英國意見。故早在 6 月 8

---

〔註 125〕臼井勝美著，陳鵬仁譯，《近代日本外交與中國》（臺北：水牛出版社，民國 78 年），頁 226。

〔註 126〕由於動亂期間，各國在京公使館被包圍，無法對外聯絡，列強政府對其在京外交人員、僑民情形無法及時掌握。例如日本外務大臣青木周藏就告知英國駐東京代理公使懷海德，據聞已有日本外交官一人被殺，不過因為電報線被切斷，無法從日本駐華公使處證實。杉山既然於 6 月 11 日遇害，而青木與懷海德的會晤則是 6 月 14 日，此似可反映日本情報之靈活。Kenneth Bounme and D. Cameron Watt (eds), Mr. Whitehead to the Marquess of Salisbury, June 14, 1900, *British Documents on Foreign Affairs*, Part I, Series E, V.24 (Washington: University Publications of America, 1994), p.19.

〔註 127〕這則會議紀錄的英譯收錄於 Ian Nish, *Japanese Foreign Policy, 1869～1942* (NY: Routlege, 1977), p. 276.

〔註 128〕Nish, *Japanese Foreign Policy*, p. 278.

日，就先行約見英國駐日臨時代理公使懷海德，表明日本若要出兵中國，除了英國支持以外也需要美國、德國的支持，「如此自可形成在華有利益相關列強的絕大多數。」〔註 129〕

很明顯地，日本一方面想要加強與美國的傳統友誼，希望在此次義和團事件之中有至少類似同盟的關係存在；另一方面記取了甲午戰後德國參與三國干涉還遼的教訓，希望先拉攏德國，又瓦解俄、德、法在遠東之結合。尤其青木外務大臣在甲午戰爭時正是出任駐德公使，彼時其對於陸奧宗光外務大臣不夠重視德國的作法，不以爲然，此回正想藉機也再加強與德國關係。不過，英國首相沙侯權衡日本的試探後，認爲日本出兵的先決條件會使得英國在遠東與俄國成爲對峙的局面，暫時婉拒。〔註 130〕

由於日本對此事採取秘密的作法，而美國的官方文書就已出版的部分，沒有詳細的記載，不知其眞實反應爲何，但從日本與英國交涉的種種資料看來，在 6 月 23 日以前，關於她與英國交涉的細節，她對於美國應該還是持保密態度。至於德國，原本就很忌諱日本，對日本的一舉一動，嚴加觀察。對於日本在佐世保集合 4 艘巡洋艦，必要時將派往中國，以及日本輿論要求日本政府派遣陸軍至中國的聲浪，在在感到懷疑，但青木外務大臣卻對德國駐日公使韋德爾（Botho von Wedel，1862～1943）暗示，日本「無論如何將先與德、英達成諒解後」才會出兵。〔註 131〕德使消息回報德國後，6 月 18 日，德皇威廉二世即對外交部表明，不應把在中國恢復秩序之責任單獨委任「俄國或日本中的一國」；〔註 132〕 6 月 19 日，德皇還是感到不安，再次對布洛夫外交大臣強調，關於中國，「我們絕不應該讓俄國與日本單獨處理這件事，並把歐洲排除出去」；〔註 133〕布洛夫外交大臣在德國外交部分析日本媒體報導之後，也上奏威廉二世，道：「日本將應其他國家的請求派兵兩萬人到中國維持秩序。這可能視爲日本政府的試探，因爲日本將受一個委託的思想，近來常常不僅在報紙言論中而且亦在日本外交家的說話中透露出來。除了英國可能

---

〔註 129〕 Young, *British Policy in China*, p. 136.

〔註 130〕 Young, *British Policy in China*, pp. 136～137.

〔註 131〕 *Die Grosse Politik*, V. XVI, p. 11；孫瑞芹譯，《德國外交文件有關中國交涉史料選譯》（二），頁 9。

〔註 132〕 *Die Grosse Politik*, V. XVI, p. 13；孫瑞芹譯，《德國外交文件有關中國交涉史料選譯》（二），頁 11。

〔註 133〕 *Die Grosse Politik*, V. XVI, p. 14；孫瑞芹譯，《德國外交文件有關中國交涉史料選譯》（二），頁 12。

是這樣外，沒有一個國家想把這樣的委託交給日本。」〔註134〕故一開始，德國反對日本出兵之理由，主要是由於自己離中國太遠，沒有辦法投射太多的兵力立刻進入中國，深怕日本或俄國藉著歐洲「委託」的名義，因爲地緣之利，瓜分中國，因此在這個階段，她的反對是針對任何可能在中國先行動的列強。但是由於日本還沒有提出允許她派遣大軍的請求，德國此時暫且靜觀其變，而且只要日本跟俄國在中國呈對立之勢，總是於她有利。其實美國在這方面的看法，跟德國是一樣的。

　　日本對出兵問題，一直急於與列強達成協議後，就可侵入中國爲自己佔據有利之地位，因此青木周藏又召見英國代理公使懷海德，告知 3,000 俄軍，含騎兵、礮兵，已在大沽登陸，一旦直驅北京之後，俄國恐怕很難撤兵了；又云，一旦列強海軍登陸中國有被圍攻殲滅之虞時，日本會派兵登陸援助；最後又謂明治天皇之意爲英國若不出兵，日本亦不出兵。〔註135〕懷海德則看出青木話裏玄機，解讀日本顧忌陷入單獨與沙俄爲敵的困境。〔註136〕但是英國仍有許多顧慮，沒有令日本滿意的回應。

　　而且約莫在同時，英國與中國長江流域的總督們開始了對義和團亂事談判的接觸。當時中國漢人籍的封疆大吏，顯然自義和團亂起之後，就沒有支持瘋狂的端王等激進保守派主持之中央政府，他們紛紛尋求消弭與西方列強衝突的方法。其中以兩廣總督李鴻章、兩江總督劉坤一、兩湖總督張之洞爲主，山東巡撫袁世凱、督辦鐵路事務盛宣懷（1844～1916）爲贊助，醞釀著所謂「東南互保」的運動。彼等的宗旨就是在所轄之區域全力鎮壓義和團一類的仇外活動，務必保障外僑的安全與活動如昔，使列強沒有理由再侵入這中國的半壁江山。當然，這些人也是有保存自己實力，在亂事塵埃落地後圖謀自己利益之用心。其中最具有關鍵作用者，則是張之洞。一旦中國資深之外交大臣李鴻章定調義和團爲「禍國殃民，罪不容誅」的匪類，並且上奏朝廷要求鎮壓義和團運動之後，兩湖總督張之洞也下令認眞保護洋人，並向英國駐漢口領事表示了：「鄂已添重兵，出告示飭州縣禁謠拿匪，敢有生事，立

〔註134〕 *Die Grosse Politik*, V. XVI, p. 15；孫瑞芹譯，《德國外交文件有關中國交涉史料選譯》（二），頁 13。
〔註135〕 Sir Whitehead to the Marquess of Salisbury, June 14, 1900, *British Documents on Foreign Affairs*, Part I, Series E, V. 24, pp. 19～20.
〔註136〕 Sir Whitehead to the Marquess of Salisbury, June 14, 1900, *British Documents on Foreign Affairs*, Part I, Series E, V. 24, p. 20.

即正法，所有洋商教士，力任保護。」〔註137〕長江流域總督們類似的行動，不一而足，使得英國的沙侯極爲滿意，很快與這些總督取得了諒解，並且加派軍艦至每個簽約口岸，以便有事時爲其奧援，恢復秩序。而張之洞對於長江流域形勢也有著透澈的看法：「長江商務，英國最重，各國覬覦已久，懼英國而不敢先發，英亦慮各國干預而不敢強佔，以啓各國戒心。」〔註138〕於是在盛宣懷建議「自吳淞以迄長江內地，公應飭滬道告知各國領事，自任保護，勿任干預」的建議下，〔註139〕，張之洞、劉坤一依計而行，擴大了國際參與「東南互保」的規模，因此所有列強，包括美國與德國在內，深怕英國會藉機獨占長江流域，都派遣象徵性的少量軍隊進駐口岸，尤其是上海，更是成了兵家必爭之地。在這種情形下，兩江總督劉坤一、兩湖總督張之洞相繼出面，由中國駐美公使伍廷芳轉達其給美國總統麥金萊的電文，張之洞 6 月 22 日的照會說明他與劉坤一皆在努力維持和平，在其所轄五個省份之內，毫無仇外行動，因之要求美國軍方不要再派軍隊進入長江流域，而且也請求美國協助要求其他列強照辦。〔註140〕麥金萊總統與海約翰國務卿研究了張之洞等人的照會後，感到滿意，在同一天就回覆伍廷芳公使：

> 他（總統）授權我向你保證，只要此事（筆者案：劉坤一、張之洞等人保護外僑安全與權利之事）做到，總統絕無派遣任何軍隊或海軍至不需要之區域的意圖。本人亦很高興通知閣下，我已將總督們的保證與我對此事之答覆一併發給我國在倫敦、巴黎、柏林、聖彼得堡、日本的代表。〔註141〕

從海約翰國務卿的答覆來看，美國在當時本著不希望中國亂事再擴大的官方政策，既然支持了張之洞等人的要求，也就不希望其他列強再將亂事擴大。這點就和日本派遣大軍的盤算，有所牴觸。

可是在華北戰場方面，到了 6 月 21 日，由於聯軍在天津的戰事遇到中國方面強烈的抵抗，情勢不樂觀，各國紛紛向母國求援，對於日本出兵干涉一事，英國國防部長勃瑞德里克（William St. John Brodrick，1856～1942）在 6 月 21 日即曾詢問內定接任竇納樂駐華公使職位之薩道義是否有此可能，薩某

〔註137〕張之洞，《張文襄公電稿》（三十五）（廣州：廣東人民出版社，2010），頁 1。
〔註138〕張之洞，《張文襄公電稿》（三十五），頁 27。
〔註139〕李德征，《義和團運動史》，頁 239。
〔註140〕Memorandum, Jun. 22, 1900, *FRUS 1900*, p. 273.
〔註141〕Mr. Hay to Mr. Wu Ting-fang, Jun. 22, 1900, *FRUS 1900*, p. 274.

答以若日本果然出兵，勢必不會在事情定案之後甘心居於任人安排之地位。〔註142〕薩道義也與副外交大臣柏蒂、桑德森（Thomas Sanderson）等人討論中國情事。柏蒂認爲若要讓中國自北京遷都，因爲俄國必然反對，故不可行；至於中國要是眞的屠殺了使館區外國人，中國領土的完整就得結束，屆時若俄國占領北京，英國就須放棄華北，並且在華南建立一個明朝的區域。至於桑德森也認爲一旦使館區遭到摧毀，英國就應該將紫禁城夷爲平地。薩道義同意彼等看法，並且主張對中國強硬。〔註143〕而英國的沙侯眼見聯軍的挫敗，遂指示懷海德代理公使向日本探詢：「就救護北京各國公使館之各國軍隊情況危急一事，詢問日本政府是否有意爲救援他們派遣更多士兵。迅速行動必要與迫切，日本在此事件上具有地理上之優勢，英國非常重視日本之意向。」〔註144〕於是 6 月 23 日，青木外務大臣主動發出照會給列強公使：

> 清國形勢危急，帝國政府意識到在大沽以及天津的聯軍面臨日
> 益迫近的危險，希望我國與列國政府協同一致，望有關各國之代表
> 告之其本國政府目前將採取何種必要之應對措施。〔註145〕

美國政府對於青木外務大臣照會之回應，遲至 6 月 27 日才正式答覆。爲甚麼會有這四天的時間間隔呢？原因就在於此數日之間，美國與張之洞等人的談判終於有了具體結果。因爲在 6 月 21 日這天，慈禧太后決定對列強宣戰並且招撫義和團，李鴻章等人已經事先知悉這項事關重大的決定，而盛宣懷則力勸李鴻章、張之洞、劉坤一等人：「如欲圖補救，需趁未奉旨之先，峴帥（劉坤一）、香帥（張之洞）會同電飭地方官上海道與各領事訂約上海租界歸各國保護，長江內地均歸督撫保護，兩不相擾，以保全商民人命產業爲主；一面責成文武彈壓地方，不准滋事，有犯必懲，以靖人心。北事不久必大壞，留東南三大帥以救社稷蒼生，似非從權不可，若一拘泥，不僅東南全毀，挽回全局亦難。」〔註146〕張之洞、劉坤一等地方督撫不但對於宣戰上諭，逆旨不發，並且加速與列強談判，因此在美國居間牽線下，得以與列強在 6 月 26 日達成了《東南保護約款》的協議，又稱《中外互保章程》，主要內容爲：

---

〔註142〕 Lensen, *Korea and Manchuria between Russia and Japan*, p. 10.

〔註143〕 Lensen, *Korea and Manchuria between Russia and Japan*, p. 10.

〔註144〕 路遙主編，《義和團運動文獻匯編》日譯文卷，頁 336。

〔註145〕 路遙主編，《義和團運動文獻匯編》日譯文卷，頁 337。

〔註146〕 筆者案：所謂三大帥是張、劉二人之外，再加上李鴻章。張之洞，《張文襄公電稿》，（三十五），頁 64。

上海租界歸各國共同保護，長江及蘇、杭內地均歸各省督撫保
護，兩不相擾，以保全中外商民人民產業為主。

這個協議，一者，使東南長江流域富庶之地，得以倖免於戰火波及，保存中
國的元氣；再者，也使得列強得以專心處理華北的亂局，卻使清廷以及華北
人民益發不利；三者，這些漢人封疆大吏自私的行為，也突顯朝廷不力、地
方坐大的局面；四者，這些地方督撫之行為，向來也為史家所詬病。

　　但是，美國在《東南保護約款》完成後，既然穩定了長江流域的情形，
使之不致於成為英國在瓜分中國這塊大餅中獨占的大獎之後，終於回過頭來
處理日本派遣大軍的問題。就在與中國議定《東南保護約款》的同日，海卿
與日本駐美代理公使鍋島桂次郎（1860～1933）會面，日使向海卿暗示「列
國均擔心在目下事變採取措施而遭致猜疑，不敢果斷行動，惟美國為保持世
界和平，成為諸國之主動者，而絲毫不會受到他國之忌妒」，海卿答曰：「至
今日，列國中尚未有向美國提出如此請求者。」〔註147〕至少這是日本拉攏美
國的一個試探。在 6 月 27 日，海卿正式答覆日本，美國政府「從自己的角度
而言，雖然總統認為極其可行之事為必須獲得其他列強的允許為宜，但是看
不出對此行動有何反對之處。」〔註148〕海約翰國務卿的回答，看似贊成，卻
把重點強調在其他列強的同意，因為他明知俄國、德國、法國勢必反對日本
增兵，因此既要保持美國獨立於歐洲列強合縱連橫之外的傳統政策，又能恰
到好處的對日本示好，如此使得美國立於不敗之地。

　　日本方面，卻不肯放棄增兵中國的盤算。6 月 24 日晚間，青木外務大臣
逕自拜訪懷海德代理公使，無所不用其極的遊說英國：根據中國方面的消息，
中國在百日維新失敗以後，由端王與慈禧太后掌權，而朝廷中有活躍的團體
正考慮將黃河以北劃給俄國，而俄國也在利用義和團之亂以達到這個目的。
日本若派遣大軍，勢必會與之衝突。因此，實有迫切之必要，先行達成在日
本、英國、德國之間的諒解，才能對抗俄國的陰謀；至於列強若與中國處於
戰爭狀態，就有必要集體對中國宣戰，才能有合作的基礎，並且得以預防任
何列強單獨行動。〔註149〕由於青木外務大臣的話太過聳動，懷海德代理公使
的報告，不但在英國內閣間秘密傳閱，連英國女王也為之驚動，親自過目。〔註

---

〔註147〕路遙主編，《義和團運動文獻匯編》日譯文卷，頁 339。
〔註148〕Mr. Hay to Mr. Nabeshima, Jun. 27, 1900, *FRUS 1900*, p. 367.
〔註149〕Young, *British Policy in China*, p. 137.
〔註150〕Young, *British Policy in China*, p. 137.

150〕

　　而日本方面也正式表態，只要沙俄首肯的話，她可增派大兵，進攻大沽和天津。〔註151〕沙侯對於日本的遊說理由，並不信任，但是因爲當下日本出兵有利於英國，因此開始企圖說服俄國與德國同意日本派遣大軍。英國對於俄國動向，也是有所掌握：如駐聖彼得堡的武官就回報俄國動員的情形。但是英國的交涉，卻直接遭到沙俄拒絕。〔註152〕

　　對於德國，英國則委託她說服沙俄。英國一開始的說項結果，先是德國駐俄大使拉度林面告英國史考特（Charles S. Scott）大使，在如此嚴峻局勢下，若單獨授權某國行事，自然反對，但只要所有列強可以合作，歡迎任何可用之兵。如果眼前有任何引起敵意、破壞默契的行爲，都會遭受致命的後果。〔註153〕而且不利於英國的是，德國假設英國要單獨「委託」日本大兵進入中國，卻趁此機會企圖加深英、俄在中國的對立，而且刻意在沙俄答覆之後，也讓德國的反應公佈出去，又試圖討好沙俄。〔註154〕

　　由於英國的說項失敗，在1900年（光緒26年）7月初以前看來，日本增兵的希望渺茫。但是德國公使克林德遇害的消息，在7月2日這天獲得證實，卻影響了事情的變化。德皇威廉二世自是暴跳如雷，由於他一連串狂暴的言行，使得列強、特別是俄國擔心他會率先付諸行動，瓜分中國，又因爲中國的義和團運動已經蔓延到了滿洲，而俄國在當地的部隊根本無力應付滿洲的問題，俄國便思列強共同進兵中國，在列強集體行動的框架下，看是否能控制住似乎已如脫韁野馬的威廉二世。

　　原本英國駐俄大使史考特奉令，又於7月3日再拜晤了俄國外交大臣莫拉維也夫伯爵，繼續遊說俄國支持日本增兵。莫拉維也夫還是顧左右而言他，先是抱怨在聯軍攻擊大沽礮台一役，都是俄軍擔任攻堅主力，死傷慘重，不過他又樂觀以爲慈禧太后、李鴻章會與西方列強合作，很快即恢復秩序。最重要的是，俄方定調，出兵中國是與清廷合作，戡定亂事。〔註155〕這不但反

〔註151〕Mr. Whitehead to the Marquess of Sallisbury, July 5, 1900, *British Documents on Foreign Affairs*, Part I, Series E, V. 24, p.48.

〔註152〕Lieuteant- Colonel Beresford to Sir C. Scott, June 28, 1900, *British Documents on Foreign Affairs*, Part I, Series E, V. 24, p. 28.

〔註153〕Sir Scott to the Marquess of Salisbury, July 3, 1900, *British Documents on Foreign Affairs*, Part I, Series E, V. 24, p.37.

〔註154〕Young, *British Policy in China*, p. 140.

〔註155〕Sir Scott to the Marquess of Salisbury, June 28, 1900, *British Documents on*

映了沙俄希望維繫滿清政權，維護她既得利益的意圖，也預告了俄國與其他列強的不同調。只是俄國一如所料再度拒絕了日本增兵的請求。與史考特一談後若干小時，莫拉維也夫忽然病逝，由原副外交大臣拉姆斯多夫伯爵繼任沙俄的外交大臣。拉氏迅速調整了在中國的策略後，在這種思維之下，俄國一改原本峻拒日本增兵的態度，願意有條件的允許日本參與整個列強的行動。甫上任一天的新外交大臣，在 7 月 4 日即向英國駐俄史考特大使表示：俄國可以同意日本出兵 2 至 3 萬人，不過列強須先在此之前確立共同目標，不得再有其他考量。〔註 156〕

如此，日本在英國支持、俄國有條件首肯的情況下，悍然在 7 月 6 日派出準備已久的大軍，開往中國，在其發給各列強的外交照會裡，說明了她派往中國的軍隊人數合計在 2 萬 2 千人以上。〔註 157〕

日本增派大軍至中國一事，使得美國和德國皆感到了錯愕。對於美國來講，除了本節前述之對日本官方語氣的回答，實則美國也不願看到太多日軍在中國大地上，免得生出任何對美國不利的後果，這點可從日本派遣大軍的 7 月 6 日，她也遞交了一份備忘錄予國務院看出。該備忘錄曰：「日本帝國政府認為極其可行，在這個時候由在華有利益相關之列強，交換意見，決定採取之共同措施以避免迫在眉睫的危險，並且應付未來種種可能。」〔註 158〕對於此份備忘錄，美國從來沒有答覆。這次海卿連敷衍的回答都沒有，只是代表了美國的冷處理態度。還有一個可能，美國才在 7 月 3 日發出了第二次門戶開放政策的照會，還在觀察各國的反應，以便決定如何因應。在這個流程中，對於日本照會也就不理會。又因為美國與日本關係，較為親密特殊，沒有反應甚至代表了無言的反對。

對於德國來講，自始就反對日本增兵，其社會氛圍更是對日本不友善，日本駐德公使井上勝之助（1861～1929）就報告過：「對英國報紙上歐洲各國應委託日本進行救援之主張，德國報紙多不贊同。」〔註 159〕但是德國鑑於地理因素，尤其是日本主要敵手的俄國竟然同意了增兵之舉，其實也無力反對

*Foreign Affairs*, Part I, Series E, V. 24,pp. 28～29.

〔註 156〕Sir Scott to the Marquess of Salisbury, July 4, 1900, *British Documents on Foreign Affairs*, Part I, Series E, V. 24, p.43.

〔註 157〕路遙主編，《義和團運動文獻匯編》日譯文卷，頁 362。

〔註 158〕Memorandum, Jul. 7, 1900, *FRUS 1900*, p. 368.

〔註 159〕路遙主編，《義和團運動文獻匯編》日譯文卷，頁 364。

下去，故此她對日本 7 月六日發給美國的同份備忘錄，迥異於美國態度，在 7 月 7 日就作出冰冷的答覆：「德國政府認為，在如此事態下，維持該聯合極為重要，因此德國政府對沒有招致其他方面異議之所有措施表示同意。」〔註 160〕

　　美國與德國此時的策略，基本上相同，受到日本增兵的刺激後，都在努力派遣大軍進入中國，使自己不要在最嚴峻的情勢，意即中國的瓜分成為事實時，落於人後，不過就兩者而言，前者向來主張在華貿易機會平等，似乎對中國無領土野心；後者看似凶狠，其實經過精密算計後，並不主張瓜分中國，於是「門戶開放」政策成了兩國共同阻止中國瓦解的語言，只是德國也利用「門戶開放」政策打擊美國，這就是下一節的主題了。

# 第三節　第二次「門戶開放」照會與《英德協定》

　　1900 年（光緒 26 年）7 月 3 日，海約翰國務卿鑑於中國情勢之嚴峻並先經由麥金萊總統過目之後，一字未改，直接發出訓令予駐歐洲、日本使節，提出下列外交照會：

　　　　值此中國情勢關鍵之際，只要環境允許，闡明美國態度極其適切。本國恪遵於一八五七年所發起之政策，與中國民族保持和平友好、促進合法商業、在所有領事裁判權條約法案與國際法保障之措施下保護美國公民的生命與財產。如有罪行犯及我國公民，本國議決要負有責任之肇事者負上最大之責任。本國視北京情形為無政府狀態，是以權力與責任實際上已分權於省級地方當局，只要這些當局並非與叛徒公然勾結，而且以其權力來保護外國人的生命與財產，本國即視之為中國人民的代表並與之保持和平與友誼。一如自往昔迄今，本國總統的意圖在於與其他列強同時行動，首先，開通與北京的聯絡並拯救美國官員、傳教士、其他遭受危險的美國人；二者，對中國各地美國人的生命與財產盡可能加以保護；三者，警戒保護所有合法的美國利益；幫助預防亂事擴及到中華帝國其他省份以及此類災禍之重演。自然，眼前要預測達致最後結果之手段失之過早，惟美國政府之政策乃是追求一解決方案，由此方案可予中國帶來永久之安全與和平、保持中國的領土與行政主權完整、保護

---

〔註 160〕路遙主編，《義和團運動文獻匯編》日譯文卷，頁 364。

所有經條約與國際法賦予友好列強之權利、並爲舉世捍衛與中華帝

國各處進行公正無私之貿易的原則。﹝註161﹞

這份照會的特色即在於先是引用了中美《天津條約》第一條，說明其出發點的正當合理性，並表明美國仍視中國爲和平友好之國，並不存在交戰的情形，從而這份照會至少確立了北京雖是無政府狀態，至少地方當局仍然正常運作的情形，這就呼應了張之洞、劉坤一等人所提倡之「東南互保」；當然，美國也不放棄追究動亂主事者的權利。而照會最核心的部分即在於解決方案的四個條件，其雖未明言「門戶開放」，但較諸第一次「門戶開放政策」通牒，又更進一步提出了所謂「保持中國的領土與行政主權完整」（*preserve Chinese territorial and administrative entity*），這也是何以學界歷來都重視此次「門戶開放」照會之原因，因爲它成了日後涉及中國情勢時，列強之間彼此制衡的利器，但是較易爲國人所忽略的則是其亦包含了「保護所有經條約與國際法賦予友好列強之權利」（*protect all rights guaranteed to friendly powers by treaty and international law*），這一點如同第一次「門戶開放政策」通牒再次確認了列強與中國不平等條約的體系，對中國遺害匪淺。尤其，海約翰國務卿兩次的「門戶開放政策」通牒皆不以中國爲交涉對象，可見其對中國之態度。直言之，這份照會就是呼籲列強不要破壞中國這個國家的領土完整，也就是不要趁機瓜分中國，因爲若此情形發生，則中國被列強肢解之後，前此美國所與中國簽訂的各種條約以及與列強達成的諒解，盡爲烏有，美國也就失去中國市場。

　共和黨的海卿在這個時機點發出此通牒，可說用心良苦，一舉數得。在內政方面，其用意乃是針對即將在翌日於肯薩斯城召開的民主黨大會，故海卿特意在照會一開始就援引民主黨籍布坎南總統在1858年（咸豐8年）英法聯軍之役時所宣布之政策，讓民主黨人無從批評其外交政策。﹝註162﹞因此在遞交照會後，立刻予媒體知道。同時這也是對美國商界於美國政府背後不斷施壓的回應。原來自義和團初起時就始終密切注意中國情勢的美國各商會，例如美國之美亞協會，鑑於華北美國人的生命與財產危急，一再督促美國政府「迅速而積極地使用適當的武力」且必要時「與其他列強一致行動」；﹝註

---

﹝註161﹞ 這份通牒是向柏林、倫敦、巴黎、聖彼德堡、維也納、羅馬、東京發出。Mr. Hay to Mr. Herdliska, July 3, 1900, *FRUS 1900*, p. 299.

﹝註162﹞ Tyler Dennette, *John Hay: From Poetry to Politics* (New York: Dodd, Mead & Company, 1933), p. 302.

﹝註163﹞ Charles S. Campbell, *Special Business Interests and the Open Door Policy*

163〕而其秘書長傅德（John Foord）從 6 月中至 6 月底更是三赴華盛頓，晉見麥金萊總統以及海約翰國務卿、柔克義等官員，面陳出兵之迫切，甚至對海卿說：「情況很嚴峻，中國政府據信受到俄國支持，與拳民合作。美國應該與其他列強繼續合作以反對俄國，這是絕對必要的。盡快派出大軍，這也是絕對必要。盡你所能向政府施壓吧！」〔註 164〕另一個同感憂心的商會則是在華的商業巨擘美華合興公司。該公司之凱瑞（Clarence Cary）就擔心在中國之鐵路生意，他同時也是美亞協會之執行委員會委員，也在 6 月呼籲美國政府對拳民採取行動。〔註 165〕尚有許多其他的商業界重要行會與人士向政府請命派大軍赴中國。麥金萊政府眼見此時民氣可用，就順勢採取較積極的作爲。歸根究底，上述種種皆是爲了同年底麥金萊總統之連任大選的考量。

在外交方面，海約翰國務卿事前對英國與日本有過初步的意見交換；〔註 166〕對於俄、法、德三國的反應，海卿則以爲：「俄國會反對，可能還會拒絕；法國不過是俄國的女寵，一定會效法俄國；德國則支持或反對皆可能，只要情況對她最有利。」〔註 167〕也因爲這些考量，海卿實則沒有什麼把握會收到列強正面之回應，甚至沒有要求列強回覆此次照會，只是單純命令駐外各使節向駐在國遞出照會而已。不過海約翰國務卿終究還是盼望有任何的回音。這也就截然不同於第一次門戶開放通牒時的情形。但至少就海卿的目的而言，如果只考慮此通牒對美國內政的影響，從美國輿論界的讚揚態度來看，則此通牒是一個成功的表演。

列強對於這次的照會反應冷淡，一如所料，沒有任何國家正式答覆海約翰國務卿。即使是在多年後各國所出版的外交文書之中，幾乎無關於此照會的檔案資料。但是第二次「門戶開放政策」通牒卻還是在外交上爲美國帶來豐厚的收穫，其故安在？

就以德國而言，在察覺瓜分中國不易之後，暫時就以避免這種情形爲優先政策，故在 6 月 30 日德皇威廉二世對海軍提督裴德滿所作之八條訓令中，

---

(Hamden, Conn: Archon Books, 1968), pp. 68～70.
〔註 164〕Campbell, *Special Business Interests and the Open Door Policy*, p. 70. 不過美亞協會很快就澄清這項謠傳。
〔註 165〕Campbell, *Special Business Interests and the Open Door Policy*, p. 71.
〔註 166〕*McCormick, China Market*, p. 159.對於這點，McCormick 並沒有告訴讀者其根據爲何資料。筆者對此存疑。
〔註 167〕McCormick, *China Market*, p. 160.

第二條爲「應該避免不必要地搖撼或甚至瓜分中國，因爲這不符合我們的利益」；第三條則謂「……恢復混亂以前的狀態，列強間共同要求中國政府對將來和平極盡可能地對維持門戶開放之原則作一共同的保證。」〔註168〕在這個階段，威廉二世已成爲「門戶開放政策」的支持者，只是他的支持另有所圖。在克林德公使確定遇難的消息之後，儘管德皇已對德軍有極其情緒化的演講，外交大臣布洛夫仍然冷靜的聲明：「我們的東亞政策，就是在克林德男爵被害以後，還是一個體諒別人的，和平的，清醒的政策……派遣一部分鐵甲艦隊……爲了加強我們在東亞的力量，及在海上，特別是對美日不要太示弱……」；〔註169〕顯然地，由於此時美國已決定增派5千陸軍到中國，而日本規劃已久的2、3萬大軍，早已整裝待發，只要山縣內閣與列強達成諒解，勢必出兵中國，而德國眼見此情形，對美日兩國畢竟猜忌頗多，是以布洛夫才會在強調德國的政策冷靜之餘，即使在影響德國本土海防的風險之下，也要派出強大艦隊至中國，展現實力；布洛夫也再次聲明德皇威廉二世的對華政策爲「避免瓜分甚至過分搖撼中國。」〔註170〕而布洛夫在致德國各聯邦政府的通告中也說明德國東亞政策爲「不追求瓜分中國。」〔註171〕因此，在此時德國的盤算中，「門戶開放」表面上已成爲德國政府的中國政策之要旨，用以阻止其他列強可能的蠢動，雖然布洛夫在前述聲明中隻字未提第二次「門戶開放政策」通牒，海約翰國務卿卻大可放心，畢竟德國並不如他事前的擔心選擇反對此外交照會。這樣一來，俄法集團就會失去極有力的支持者，在勢力的天秤上就會弱於美國屬意的英日集團，也就不敢蠢動。

　　至於其他的列強，也意外地成爲海約翰國務卿的助力。無巧不巧的，法

〔註168〕 *Die Grosse Politik*, V. XVI, pp. 25～26；孫瑞芹譯，《德國外交文件有關中國交涉史料選譯》（二），頁23。其中第三條該原文作：Wiederherstellung des Status quo vor den gegenwärtigen Wirren, gemeinsam zwischen den Mächten zu vereinbarende Garantie seitens der chinesischen Zentralregierung für die künftige Erhaltung der Ruhe und möglichste Aufrechterhaltung des Prinzips der offenen Tür. 原文係作「中央政府」而非「中國政府」。參見 *Die Grosse Politik*, V. XVI, p. 25.

〔註169〕 *Die Grosse Politik*, V. XVI, pp. 31～33；孫瑞芹譯，《德國外交文件有關中國交涉史料選譯》（二），頁28～29。

〔註170〕 *Die Grosse Politik*, V. XVI, pp. 31～33；孫瑞芹譯，《德國外交文件有關中國交涉史料選譯》（二），頁28～29。

〔註171〕 *Die Grosse Politik*, V. XVI, p.53；孫瑞芹譯，《德國外交文件有關中國交涉史料選譯》（二），頁50。

國外長達嘉謝也在美國發出第二次「門戶開放政策」通牒的同日，向法國國會演講時提到：法國作為印度支那的女王無心於中國的瓦解。法國既無心與中國戰爭，只是要保護其僑民並為其商人謀求其他國家商人所獲得的權利。法國亟於保持遠東的勢力均衡，不能看到此局面破碎而有害於法國，但也沒有任何陰謀。〔註172〕法國的立場與美國的政策也就極為相似。而在中國既擁有最富庶勢力範圍長江流域、復具有最大貿易利益的英國，在收到第二次「門戶開放政策」通牒之後，態度亦是出奇冷淡，這點或許頗使海卿意外。當時英國首相沙侯正忙著在列強之間來回折衝，希望能就日本出兵一事達成諒解；《英德協定》也在醞釀之中。海卿在此時發出新的「門戶開放」通牒，使英國感到意外。〔註173〕對於海約翰照會，沙侯雖未回覆，不過他在7月5日上奏英國女王的報告中，說明美國的態度並做出英國不妨採取類似政策的結論。〔註174〕到了8月2日，由於英國與俄國達成瓜分中國的圖謀未遂、也由於英國爭取聯軍最高統帥已趨於不可能，故在下議院就宣布其對華政策為「反對瓜分中國並相信其與列強在這一方面一致。」〔註175〕於是英國在形式上也就支持第二次「門戶開放政策」通牒。關於日本，要她單純興師動眾到中國一場，灑下日本人的鮮血而後空手回去，無異於緣木求魚，所以海約翰照會實際上也有提醒日本不要蠢動之意，這也正是何以柔克義於7月在赴北京出任美國特命全權公使之前，先至日本面晤山縣有朋首相與青木周藏外相時，彼等告知他若其他列強有所行動，則日本也將被迫參與瓜分中國。〔註176〕

最令人意外的則是沙俄的反應。很明顯受到了第一次「門戶開放政策」的教訓，她亦不願給予美國其答覆，以免又淪為海約翰國務卿的宣傳工具。但是沙俄之外交大臣拉姆斯道夫伯爵有鑒於當沙俄即將侵略中國東北時，日本主要在英國支持下出兵華北，而德國也要派遣大軍東來，兼之法國又如上述不打算瓜分中國，沙俄實際上已開始陷於孤立之處境，於是在7月13日向英國外交部遞交照會，聲明其對華政策為「保護歐洲人的生命與財產、使館解圍、以及維持中國的完整。」〔註177〕於是「門戶開放政策」就在此列強相

〔註172〕Mr. Porter to Mr. Hay, July 12, 1900, *FRUS 1900*, Inclosure, p. 313.
〔註173〕Young, *British Policy in China*, p. 147.
〔註174〕Young, *British Policy in China*, p. 147.
〔註175〕Kelly, *A Forgotten Conference*, p. 46.
〔註176〕Kelly, *A Forgotten Conference*, p. 46.
〔註177〕Young, *British Policy in China*, p. 148.

爭、彼此牽制的局面下，無形中又邁進一大步，居然成為在無任何列強願意答覆、遑論承認其效力的情形之下，雖然只是一種空洞的道德力量，其所謂「保持中國的領土與行政主權完整」之要旨暫時成為列強之間無形的束縛。

值得注意的是第二次「門戶開放政策」也給美國帶來了排他性的經濟利益：在第二次「門戶開放」照會後，美國政府即授意美商合興公司與鐵路大臣盛宣懷訂立《湖廣鐵路借款續約》，規定「粵漢鐵路及枝路經過界內，不准築造爭奪生意的鐵路，並不准築造與粵漢鐵路及枝路同向並行之鐵路，致損利益」，意味著將「門戶開放」政策深化到投資方面的「門戶開放」，將粵漢鐵路沿線列入其（經濟的）勢力範圍。〔註 178〕

在德皇威廉二世疾呼「門戶開放政策」之際，除了阻止列強瓜分中國以外，他卻另有一層目的，一方面若能拉攏英國簽訂一個協議，即可以條約的形式使英國放棄瓜分長江流域，又可以分化英國與美國的團結，使之不會進一步結盟。對於同樣是新興工業大國的美國，威廉二世始終有隱憂，深感美國強大的經濟實力給予德國莫大的競爭壓力。就在這種背景之下，德國想要利用美國與英國間的矛盾，進行試探與英國達成諒解的可能。德國外交部內部的分析就認為：「揚子問題是當前的中心問題……至少應阻止英國的獨占。因此，在這點上，我們要與那些主張揚子流域自由開放的列強站在一邊……美人有其高度發展的利己心理，也不能期望他們會承認揚子流域為英國的勢力範圍，一旦由於門戶開放輸入非英國的貨物太多時，英人將會關閉這個門戶。」〔註 179〕為此，德國還特意與俄國交換意見，而沙俄則答以因為美國緘默的態度，還看不出華盛頓對英國獨占揚子流域有何立場；〔註 180〕不過隨後原為沙俄駐華公使、現為駐美大使的喀西尼伯爵，由於休假正在聖彼得堡之故，也和德國駐俄大使拉度林廣泛交換了意見。喀西尼以為：美國不可能再忍受英國在揚子流域的主權，因為美國人在該地的物質利益實在太大。〔註 181〕德國最後結論為：「英國政治家，尤其是英國商人……感覺到美國正在努力壟

---

〔註 178〕林世明，《義和團事變期間東南互保運動之研究》，頁 25。

〔註 179〕 *Die Grosse Politik*, V. XVI, p. 201；孫瑞芹譯，《德國外交文件有關中國交涉史料選譯》（二），頁 186。

〔註 180〕 *Die Grosse Politik*, V. XVI, p. 205；孫瑞芹譯，《德國外交文件有關中國交涉史料選譯》（二），頁 190。

〔註 181〕 *Die Grosse Politik*, V. XVI, p. 204；孫瑞芹譯，《德國外交文件有關中國交涉史料選譯》（二），頁 189。

斷對華的貿易，且欲把太平洋作為一個美國的內海。這正是美人所以不顧一切犧牲與費用而不願放棄控制東亞及太平洋的強力據點——菲律賓——的原因。」〔註182〕不過就德國全球脈絡政策的觀點來看，她在 1900 年（光緒 26 年）6 月所通過的海軍擴建方案，原本係基於這樣的認知，若德國海軍強大到一個足以與英國海軍抗衡的程度，英國就會願意與德國談判而重新劃分全球的勢力範圍，在這個過程中，能爭取到與美國結盟是個上佳的選項，就可增加與英國談判的籌碼，若與美國結盟的企圖失敗，至少也要使英、美兩國無法結盟，才符合德國的利益；再進一步就中國的情形來看，由於英國此時在長江流域問題上，較為孤立，是一個嘗試與英國結盟的良機，至於美國，雖然德國對之很多如前所言的顧忌，但是兩害相權取其輕，先阻止英國獨占長江流域是當務之急，何況與英國結盟無異於阻止英美親善。就在這種斟酌之下，德國遂主動試探英國對長江流域問題獲得諒解的可能。是以，威廉二世就利用英國王儲訪問德國的機會，在英國大使陪同下，提出：「美國通過其對菲律賓的浪費及無效果的侵略政策及其目前參加中國的紛亂已經顯示它向何處行駛的方向；但門羅主義如用之於揚子江時，只標誌著保護關稅與封鎖。這兩點都應該避免。」〔註183〕

　　由於沙侯對德國一向猜疑，對此試探無動於衷。然而在 8 月下旬，已經實質佔領滿洲的沙俄忽然向列強發出照會，建議各國部隊自北京撤退至天津，使得英德達成諒解的可能出現契機。畢竟沙俄此舉大大惹惱了連瓦德西元帥都還尚未抵達中國的德國，一時之間也就突顯了德、俄的紛歧；另一方面，英國此時也和沙俄在華北因為京津鐵路問題，兩軍對立，劍拔弩張，使英國深感盟友之必要，故英國政府之立場較為贊成與德國修好的官員，如張伯倫等，就認為應該把握這個機會。至於英國對於俄國的建議，基本上也認為在沒有與中國達成任何解決問題協議的情形下就先行撤軍，恐會在國內激起民怨，暫時也不便答覆。而德國使館之艾格特斯坦因男爵在 9 月初兩度拜

〔註182〕 *Die Grosse Politik*, V. XVI, p. 211；孫瑞芹譯，《德國外交文件有關中國交涉史料選譯》（二），頁 196。

〔註183〕 這份檔案也記載英國王儲與大使表示同意，不論內心是否贊同，英國大使確實回報了沙侯，德皇期望他能「聲明不論以任何代價，將絕對堅持門戶開放政策」，並且德國政府也會樂於在揚子江上予以協助。這份檔案適足以證明德國挑撥英美親善之用意。參見 *Die Grosse Politik*, V. XVI, pp. 212～213；孫瑞芹譯，《德國外交文件有關中國交涉史料選譯》（二），頁 197。

會英國外交部，說明：德國希望英國與日本能夠同德國留在北京；如果不這樣做，瓦德西就會被制止，德國將停在膠州，而滿洲就會任其自便。若英國能留在北京，德國會在京津鐵路上支持英國。」〔註 184〕對於首相沙侯之躊躇不前，張伯倫等一再催促其有所行動，於是雙方終於展開了秘密談判。沙侯在 9 月中兩度接見德國大使哈慈菲爾德伯爵，先行磋商雙方協議的要點，彼此探詢對方的底牌。接著德國就先提出她的草案，第一條原本是指明「揚子江及其支流暨其流域，應對貿易及其他正當經濟活動予以自由開放，各國人民毫無差別……」；第三條則謂「如果他國想用任何方式獲得這樣的領土利益，及如德帝國政府或英女王陛下政府因此而認為必須自己進行取得領土時，兩國政府應關於此事先達成諒解。」〔註 185〕很明顯地，德國在此試圖規避將滿洲納入適用範圍，以免引起和沙俄的衝突，而「揚子江及其支流暨其流域」則使自己得以深入英國的勢力範圍而無損於山東，如此即坐實了英國事前的懷疑。第三條則無庸置疑直接傷害到中國，蓋兩國政府這樣白紙黑字規定雙方可就其他列強瓜分中國時也各分一杯羹，雖然當時的清朝已到日薄西山的地步，但如此的條文難免令人想起 1939 年 8 月德俄瓜分波蘭之密約，自然此條文也就推翻了前面具有「美國門戶開放政策」精神的條文。而令哈慈菲爾德大使訝異的是，在他提出這份草案時，沙侯絲毫沒有要求美國亦行加入的打算。不過英國對這份草案非常不滿意，之後雙方就在條文修改的問題上，錙銖必較，對於條約適用之範圍，英方一度提議第一條後面改為「兩國政府相約對於三十八度線以南之一切中國領土均應擁護此原則」；第二條則加上「並根據兩國間協定之方式，反對他國以同樣方式獲得領土利益之任何嘗試。」〔註 186〕英國之這樣修改條文的建議是因為德國不希望包含黑龍江口岸及旅順，而英方又不希望明言之故；第二條文的增修又使德國疑慮會使輿論誤解隱藏著對第三國的威脅。〔註 187〕易言之，英國始終想把她拉進對抗俄國的集團裡，這卻是德國想避免的一點。爾後，沙侯又恐怕第三條關於瓜分

〔註 184〕Young, *British Policy in China*, p. 199.

〔註 185〕*Die Grosse Politik*, V. XVI, pp. 223～4；孫瑞芹譯，《德國外交文件有關中國交涉史料選譯》（二），頁 207。

〔註 186〕*Die Grosse Politik*, V. XVI, pp. 230～231；孫瑞芹譯，《德國外交文件有關中國交涉史料選譯》（二），頁 214。

〔註 187〕*Die Grosse Politik*, V. XVI, p. 231；孫瑞芹譯，《德國外交文件有關中國交涉史料選譯》（二），頁 216。

中國之約文會與其他條文衝突，也害怕會使輿論界有不良的印象，決定修改之。〔註188〕最後雙方排除種種歧異，乃在10月中簽訂了《英德協定》：

第一，將中國之江河及沿海各口岸各國貿易及其他正當經濟活動，自由開放，毫無差別。此爲列強之共同永久利益；兩國政府相約凡其勢力所能及，對於一切中國領土均應遵守此原則。

第二，德帝國政府及英女王陛下政府不得利用現時之紛擾在中國獲得任何領土利益，其政策應以維持中國領土不使變更爲指歸。

第三，若他國利用在中國現時之紛擾，無論用何方式，欲獲得領土利益時，兩締約國關於爲保護本國在華利益所採之步驟應保留初步之諒解。

第四，兩國政府應將本協定通知其他關係列強，如奧、法、意、日、俄、美等國，並請其接受本協定所採之原則。〔註189〕

由於《英德協定》之進行，始終嚴守秘密，一旦兩國將之公布時，舉世譁然。海約翰國務卿在錯愕之餘，有著極其複雜的心情，認爲「英德協議」是個德國人對英國開的恐怖玩笑。海約翰日後回憶：我很快就從柏林方面得知，這是一個對英國的大玩笑。從倫敦方面，也證實了我的懷疑，但還是讓我爲之震驚而得以確認者，竟然是英國人對此毫無所悉。而當日本也加入此協議時，問之爲何參與，他們則回答不知道，只是有什麼樂事我們就也要加入。〔註190〕對於德國，他則認爲：「當全世界似乎皆要加入德國，當歐陸輿論界及此間許多人士也都贊同德國時，我們因阻止德國第一個乖戾舉動所獲致之成功總會是喜悅之泉」；「當我們行動時，世界其他地方都暫停動作，然後加入我們；而德國政府，通常蠻橫卻絕非愚蠢，也就恢復了理智，不再妄自尊大，反而提出了與我們立場完全一致的建議。」但是另一方面，海約翰國務卿也深感「我們不搶奪以及門戶開放的政策，找不到一個可以信賴的列強。」〔註191〕

---

〔註188〕 *Die Grosse Politik*, V. XVI, p. 242；孫瑞芹譯，《德國外交文件有關中國交涉史料選譯》（二），頁226。

〔註189〕 *Die Grosse Politik*, V. XVI, p. 248；孫瑞芹譯，《德國外交文件有關中國交涉史料選譯》（二），頁233。

〔註190〕 Langer, *The Diplomacy of Imperialism*, pp. 702～703.

〔註191〕 Brendon O'Connor, *American Foreign Policy Traditions* (London: Sage Publications Ltd, 2010), p. 145.

　　若將《英德協定》放在德國國際關係的脈絡來看，德國史家通常將之與英、德自 1898 年（光緒 24 年）開始的關於瓜分葡萄牙非洲殖民地之協定連結，認為這全是德國與英國在全球事務上達成諒解並合作的嘗試。〔註 192〕惟布洛夫卻在 1901 年（光緒 26 年）3 月對國會宣稱，「英德協定」範圍不包括滿洲，使得英國人大為失望，認為德國人曲解《英德協定》原意。〔註 193〕

　　然而細究《英德協定》，筆者有下列看法：

　　一、它可說是列強涉及清季中國之條約中，第一個將美國政府「門戶開放政策」精神具體化在約文之中，並由政府簽署對締約國產生國際法拘束力者。但是它在深化「門戶開放」精神時，卻也破壞了「門戶開放」的要件，因為根據美國前後兩次門戶開放之照會來看，不論基於何種立場，至少美國是希望將中國問題國際化，殊非任何列強私相授受中國之情形。

　　二、它的第三條文儘管在文字上有所修改，但吾人若仔細研究其原來之條文，就可知道它真實的意義在於為英、德兩列強預留瓜分中國之後路。在這層意義上，它根本逕自違背「門戶開放」的道德精神，這也就是為何海約翰國務卿對之需持保留態度的原因。它也就成了日後列強一些涉及中國條約的濫觴，例如 1902 年（光緒 27 年）的英日同盟。

# 第四節　《辛丑議定書》的賠款問題

## 一、聯軍撤軍、李鴻章資格等問題

　　瓦德西的德國大軍到達中國以前，由於列強已經先行在 1900 年（光緒 26 年）8 月中攻進北京城，解救了公使館之圍，列強關係立即進入了勾心鬥角的新局面。

　　沙俄率先發起列強矛盾的第一步驟。8 月 28 日，沙俄就訓令其駐列強代表照會各駐在國，大意為：沙俄佔領中國東北的牛莊（營口）港，是為了恢復滿洲秩序，絕無任何領土野心。而華北方面，由於公使館已經解圍，中國恢復了秩序，但是由於中國政府已經離開北京，現在沙俄也就沒有必要將其外交代表留在北京，因此俄國政府下令俄國公使及所有官方人員、軍隊先撤

---

〔註 192〕Hilderband, *Deutsche Aussenpolitik*, p. 30.

〔註 193〕阿爾布利希利特（Rene Albrecht-Carri）著；鄒文海、董修民譯，《西洋外交史》（臺北：正中，1966），頁 233。

退到天津，也建議列強比照辦理。等中國政府恢復權威使得列強有可以交涉的對象之後，俄國公使也會同列強一起與中國談判。〔註194〕美國對於沙俄提議，深表贊同，因此立即表示美國願意將美軍撤退至天津，並盡速與中國談判；但是美國也很小心翼翼，除了說明她認為不應該再繼續佔領北京，因為這對與中國談判無益之外，列強還是要先取得共識。〔註195〕畢竟，美國與俄國都是當代被中國人視為最友善的列強，而且從沒有承認與中國存在戰爭的狀態，她們只是幫助中國恢復秩序。現在聯軍進入北京之後，就急著修補參與八國聯軍在華受損的形象，因此美國麥金萊總統也就一心想要撤退美軍，作為美國政府對清廷的善意；至於俄國，當時已經佔領滿洲，企圖與中國單獨談判滿洲事宜，同樣也以先將軍隊撤退至天津，作為中俄友好的表示。因此在撤軍至天津一事上，美國很樂意與俄國合作。而兩國這樣合作的動機之一，也是要趁瓦德西到達中國以前，就先行撤軍讓瓦德西成為有名無實的「最高統帥」。

　　對於沙俄提議，德國反應卻是兩極。德皇威廉二世果然暴怒，認為如此一來，瓦德西的大軍將變成笑柄，只是在外交大臣布洛夫勸告下，也不想做第一個拒絕沙俄的國家，而且沙俄的盤算，顯然不如其原本的期望，因為除了美國，沒有一國願意贊成她的提議，所有列強都在找藉口推託，暫時不先表態。連沙俄一貫盟友的法國，對於撤兵一事，也是不肯答應。〔註196〕布洛夫也認為，「迅速撤出中國首都可能被中國人誤解的危險，反足以增加仇外派的勇氣，引起新屠殺與無政府狀態的擴大。」〔註197〕但是德國反對撤軍的真正原因，主要就是德國並沒有參與聯軍進攻北京城的戰役，瓦德西大軍還在路上，而德皇威廉二世要先讓瓦德西大軍展現「德國軍隊的風光本領」之後，〔註198〕才能攝服中國，並且向中國要求巨額的賠款。瓦德西就說，他是在1900

---

〔註194〕 Telegraphic Instruction Sent to the Representatives of the United States in Berlin, Vienna, Paris, London, Rome, Tokyo, and St. Petersburgh, Aug. 29, 1900, *FRUS 1900*, Appendix, p. 70.

〔註195〕 Telegraphic Instruction Sent to the Representatives of the United States in Berlin, Vienna, Paris, London, Rome, Tokyo, and St. Petersburgh, Aug. 29, 1900, *FRUS 1900*, Appendix, p. 70.

〔註196〕 *Die Grosse Politik*, V. XVI, pp. 110～113；孫瑞芹譯，《德國外交文件有關中國交涉史料選譯》（二），頁103～105。

〔註197〕 *Die Grosse Politik*, V. XVI, pp. 104～105；孫瑞芹譯，《德國外交文件有關中國交涉史料選譯》（二），頁103。

〔註198〕 Chester C Tan, *The Boxer Catastrophe* (New York: Octagon Books, 1967), p. 144.

年（光緒 26 年）8 月 7 日忽然接到德皇命令，告知任命其爲聯軍在華統帥一事。〔註199〕而瓦德西在拜訪德國外交部以後，瞭解到德國當時對華政策「除了懲罰華人之外，未有特別目的。皇上誠然常有『瓜分中國』之籠統思想，但其本意，僅欲在世界政治舞台占一席之地，至於由此態度所發生之結果如何，則未嘗有一明確概念。」〔註200〕8 月 18 日，瓦德西謁見德皇之時，威廉二世原本對聯軍已攻入北京，解救了使館感到失望，因爲德國已無事可做，但是瓦德西反而勸德皇再擴大德國遠征軍規模，因爲中國皇室出逃，正好使得和議會拖延，德國還有許多事情可做。德皇向瓦德西所提叮嚀則爲：「要求中國賠款，務到最高限度，且必徹底貫澈主張」，因爲威廉二世「急需此款，以製造戰艦，故也。」〔註201〕在這種背景之下，德國勢必反對任何會促進中外早日議和的政策，也由於她對沙俄的猜疑之故。正好英國公使竇納樂在北京就反對撤軍，英德再度合作。美國方面，1900 年（光緒 26 年）9 月，麥金萊總統一度考慮或者美軍撤出中國，或者參與中國港口與領土的爭奪，不論所做決策爲何，門戶開放政策都會走入歷史。最後卻是海卿力諫，美國不可予人被強迫退出或自己嚇跑的印象，在最後的處理也不可失去美國的影響力。如果聽任英國與德國留在北京，與已經跟中國暗中談判的俄國一同撤退的話，我們不但看起來失敗，而且還冒著被永遠排斥在外的風險。因此，爲了維護門戶開放，美軍必須留在中國，直至其他列強撤回其索求爲止。〔註202〕於是在所有列強不支持下，美國也一反原本立場，不完全撤退其公使與軍隊，但 1900 年（光緒 26 年）秋，卻不得不大規模撤軍，原因除了對華一貫友好的態度外，主要也是因爲清廷完全接受議和大綱的條件，談判進展順利，同時也考慮到中國無力負擔各國所提出的天文數字賠款，繼續駐軍的龐大費用可能會由自己負擔，因此在華駐軍在 9 月末原本有 5,000 人，從 10 月初分批撤往菲律賓、部分返回美國本土，到 11 月底還留 1,800 人在中國，〔註203〕而且也架空了瓦德西對美軍的指揮權。惟獨沙俄 9 月底還是撤退了公使與軍隊到天津去，但是 10 月中列強開始與中國談判時，俄國吉爾斯（Mikhail Giers）

〔註199〕瓦德西，《瓦德西拳亂筆記》，頁 1。
〔註200〕《瓦德西拳亂筆記》，頁 4。
〔註201〕《瓦德西拳亂筆記》，頁 7～8。
〔註202〕LaFeber, *The Cambridge History of American Foreign Relations*, V. II, pp. 174～175.
〔註203〕李德征等，《八國聯軍侵華史》（濟南：山東大學出版社，1990），頁 430～431。

公使也回到了北京，但是俄國軍隊並沒有重返北京，由此亦可見沙俄的虛僞。

　　接著聯軍又面臨了下一個在列強之間產生爭執的問題，就是李鴻章是否具有中國全權代表的資格。早在 1900 年（光緒 26 年）7 月 6 日，慈禧太后見大事不妙，早想乞和，因此改調兩廣總督李鴻章重爲直隸總督，希望由他來主持議和，李鴻章卻找盡藉口，也因爲老病不肯北上天津。清廷心急，並且下諭：「該督受恩深重，尤非諸大臣可比，豈能坐視大局艱危於不顧耶？著接奉此旨後，無論水陸，即刻啓程，並將起程日期速行電奏。」〔註 204〕8 月 7 日清廷又授李鴻章全權大臣，跟各國議和，但是李鴻章留在上海，還在觀望。對於李病重之事，清廷心急，只是下旨：「……與各國外部商辦一切事機，所請賞假之處，著毋庸議。」〔註 205〕就在帝后西狩前夕，李鴻章則上奏，希望慈禧、光緒留在北京，至於「德有戕使之際，覆電亦稱知兩宮十分爲難，並無仇視，請勿多慮。乘輿萬萬不可西幸，不遷，則各國有言在先，尚有可議之約。」〔註 206〕8 月 24 日，慈禧太后又諭之李鴻章：「便宜行事，將應辦事宜迅速辦理」，而且朝廷「不爲遙制。」〔註 207〕8 月 26 日，李鴻章要求增派慶親王奕劻等爲談和大臣，〔註 208〕清廷立刻同意，派遣奕劻回北京與李鴻章共同處理議和問題。至於李鴻章，很早就開始與列強接觸，而列強對他的態度也是各有盤算。但是李鴻章擔任中國全權大使的根本問題，就是列強是否還承認慈禧太后政權的敏感問題。

　　基本上，俄國因爲與中國「友好」的關係，對於因爲與俄國簽訂 1896 年（光緒 22 年）《中俄密約》的李鴻章，就將之視爲中國親俄的實力派人物，一直下工夫鑽營俄國與李鴻章的關係，因此極力鼓動李鴻章擔任中國議和之全權大使。在這件事情，俄國再次爲了突顯她對中國的友誼，急著接受李鴻章，向慈禧太后發出肯定其政權的訊號。而美國也因爲處處要顯得對中國友善，不甘落在俄國後面，也是極力贊成接受李鴻章爲全權大使。美國在 7 月 27 日就表明，對於李鴻章出任中國議和全權大臣，美國極爲滿意，這樣就可

〔註 204〕顧廷龍、葉亞廉主編，《李鴻章全集》（三）（上海：上海人民出版社，1985），頁 1039。

〔註 205〕中國第一歷史檔案館，《清代軍機處電報檔彙編》（二十五）之二（北京：中國人民大學出版社，2005 年），頁 183。

〔註 206〕〈全權大臣李鴻章致總署據李盛鐸電須派重臣與聯軍總統言和電〉，《清季外交史料》，卷 144，頁 5。

〔註 207〕朱壽朋，《光緒朝東華錄》，（北京：中華書局，1958），頁 4537。

〔註 208〕朱壽朋，《光緒朝東華錄》，頁 4537。

以「繼續在中美兩國之間存在已久的友好關係。」〔註209〕尤其 8 月初，駐美公使伍廷芳回報大理寺卿盛宣懷、再轉告總署，美國因爲收到美使康格電報，確認其平安，乃主張保全中國疆土。〔註210〕因此美、俄兩強對中國的反應，可說讓慈禧太后安心不少。

但是德國方面，除了前文所言，她因爲瓦德西大軍還未到達中國，怕列強與中國談判會將她置於無足輕重的地位，盡量阻礙和談之進行外，也對李鴻章感到懷疑。8 月 21 日，德皇威廉二世就說：「李鴻章的人格不能信任，亦不明瞭他從何人方面取得並有何種全權來與列強交涉」，並且堅決「反對允許這位總督在大沽登陸，通過直隸，因爲他將要設法在列強間撥弄是非。」〔註211〕在同一天下給外交大臣布洛夫的諭令中，威廉二世又有更激烈的用詞，批評沙皇尼古拉二世的對華外交：「現在也有想與這個頭等流氓與說謊者李鴻章交涉之議。他甚至於不知道皇太后及政府官吏在什麼地方，或者誰代表或控制事實政府」，〔註212〕希望「俄國不要讓李鴻章混過來而給我們爲我們被戕公使復仇的任務增加困難。」〔註213〕

德皇並且認爲俄國對德國沒有誠意，俄國對德國的態度就是「我們用你們的幫助已把原來不屬於我們的滿洲放在我們袋裡，謝謝您。黑人已做完他的工作，現在可以走了」，對俄國不滿的德皇，也就下令「當李鴻章離開上海時候，我們無論如何必須設法立刻逮捕他做爲一個寶貴的人質。」〔註214〕

英國在李鴻章的問題上，是支持德國的。她也對看似親俄的李鴻章感到猜疑，打算用張之洞與劉坤一介入，來抵銷李鴻章的影響力；至於中國，原本以爲英國在中國有著最大的商業利益，應該會希望盡速恢復和平。但是中國卻很失望，因爲英國的態度一直高壓，而且英國駐華公使竇納樂也表示，只有中國軍力被完全摧毀後，跟中國正經的談判才有用。〔註215〕

---

〔註209〕Mr. Hay to Mr. Rockhill, Jul. 27, 1900, *FRUS 1900*, Appendix, p. 15.

〔註210〕〈大理寺卿盛宣懷致總署伍廷芳電美國首倡保全中國電〉，《清季外交史料》，卷 144，頁 3。

〔註211〕*Die Grosse Politik*, V. XVI, p. 96；孫瑞芹譯，《德國外交文件有關中國交涉史料選譯》（二），頁 89。

〔註212〕*Die Grosse Politik*, V. XVI, p. 97；孫瑞芹譯，《德國外交文件有關中國交涉史料選譯》（二），頁 90。

〔註213〕杜繼東，《中德關係史話》（北京：社會科學文獻出版社，2000），頁 76。

〔註214〕*Die Grosse Politik*, V. XVI, p. 97；孫瑞芹譯，《德國外交文件有關中國交涉史料選譯》（二），頁 90。

〔註215〕Tan, *The Boxer Catastrophe*, pp. 145～146.

在李鴻章動身前往天津時，德國奉了德皇逮捕李鴻章的命令後，研究發現如此則德國可能與俄國在中國有戰爭的風險，威廉二世表示「不願意為像李鴻章這樣一個人而與歐洲人開戰。」〔註216〕於是這場德國欲逮捕李鴻章的鬧劇，就在列強都不知情的情況下落幕了。至於李鴻章的全權大臣資格問題，德國也在多數列強贊成的情況下，並且俄國也勸說了：如果不盡速與中國談判，萬一中國政府停留在內陸，列強也沒有辦法去威脅之，可能連李鴻章的全權大臣資格都會生變，與中國談判就會無著落之後，〔註217〕跟英國從反對的立場撤退，勉強接受了。事實上，正因若不承認李鴻章資格，則德國將提之賠款要求反而益發遙遙無期，故權衡後也唯有接受。

但是在德國杯葛下，李鴻章於9月18日到達天津後，沒有辦法立刻前往北京城談判，因為德國又提出新的要求，作為議和的先決條件。這就是懲處義和團事件罪魁禍首的問題。外交大臣布洛夫在9月15日建議威廉二世，為了阻止其他列強在瓦德西到達北京以前與中國人進行重要的談判，就要先提出談判的先決條件，拖延時間，於是布洛夫向列強提議：「和局未開之前，需令中國政府將國際法上犯罪之元兇，先行交付。」〔註218〕而布洛夫大臣的辦法就是提出中國方面必須接受懲處的名單，這裡面就包括了端郡王載漪在內。〔註219〕事實上，德國提出的名單甚至包括了慈禧太后，〔註220〕此外復提出了一份湖南、湖北包庇縱容乃至直接參加義和團排外行動的官員名單，如黃嗣東、胡祖蔭、俞鴻慶、葉德輝、張祖同、孔憲教。〔註221〕顯然牽涉到了華中區域，未獲列強支持。德國的目的就是提出一些中國不可能接受的人物，讓中國與列強之間一再為此磋商，就可以爭取到時間，等瓦德西率領德軍抵達中國。

德國在李鴻章抵達天津前一天，先送出照會予各國，不過在此她只是先

〔註216〕*Die Grosse Politik*, V. XVI, p. 123；孫瑞芹譯，《德國外交文件有關中國交涉史料選譯》（二），頁117。

〔註217〕*Die Grosse Politik*, V. XVI, p. 129；孫瑞芹譯，《德國外交文件有關中國交涉史料選譯》（二），頁121。

〔註218〕劉彥著：李方晨增訂，《中國外交史》（上），頁242。

〔註219〕*Die Grosse Politik*, V. XVI, pp. 130〜132；孫瑞芹譯，《德國外交文件有關中國交涉史料選譯》（二），頁121〜122。

〔註220〕李德征，《義和團運動史》，頁358。

〔註221〕孔祥吉，〈德國檔案中有關義和團的新鮮史料〉，《近代中國》，141，2001年10月，頁220〜221。

提出中國先懲罰相關人員作爲談判的先決條件，〔註222〕對於德國的要求，美國答覆則爲原則上同意。〔註223〕其他列強在這個問題上也都贊成。沙俄也同意德國提議，但是認爲刑罰的執行，須由中國人自己執行，但是若涉及太高的官，應該將死刑改爲流放。〔註224〕由於英德已經展開英德協議的談判，英國很多在華政策都支持德國。爲了罪犯問題，德國又與英國私下協商，但是沙侯告之德國：要懲辦慈禧太后是不可能的，而且若中國拒絕交出重要人物的話，恢復和平將遙遙無期。〔註225〕沒有英國支持將慈禧太后放進名單內，德國修正之後，就將端郡王等主戰的王公大臣皆列入懲辦的名單。而清廷立刻於9月25日，宣布懲處肇事之王公大臣，但是由於刑罰過輕，列強又和中國往返交涉。

在這個冗長的交涉期間，瓦德西的大軍於10月中進入了北京，德國認爲掌握了在談判桌上的優勢之後，基本心態已經從拖延談判轉變到急於談判，獲取鉅額賠款的心態，因此在後來也就接受了美國、俄國的勸解，不再堅持所有名單上王公大臣，一律處死刑。因此清廷則於1901年（光緒27年）2月21日，發布上諭：賜令莊王載勛自盡；端王載漪、輔國公載瀾發往極邊；毓賢正法；趙舒翹、英年賜令自盡；剛毅斬立絕，以病故免議；啓秀正法；徐桐；李秉衡已自盡，撤銷恤典；董福祥革職降調。〔註226〕基本上滿足德國條件，而在修補美德關係方面，美國駐德大使懷特在柏林美國大使館的感恩節宴會，謂之美德在中國的合作，使得最溫馨的情感存在兩國之間；甚至還說，雖然英國向被視爲美國的母國，但是從學術觀點來看，德國日益成爲美國的第二位母親，〔註227〕希望藉以修補雙邊關係。如此一來，德國爲主列強的要求基本滿足之後，辛丑和議就順利進行下去。

## 二、美、德對於賠款問題的矛盾

賠款問題是一個極其複雜的問題，而列強各自的盤算又往往衝突矛盾，彼此之間折衝談判，暗地裡勾心鬥角，耗時甚久，成爲《辛丑議定書》遲遲

---

〔註222〕Mr. Sternburg to Mr. Hay, Sept. 18, 1900, *FRUS 1900*, p. 341.
〔註223〕Mr. Hill to Mr. Sternburg, Sept. 18, 1900, *FRUS 1900*, p. 341～342.
〔註224〕Kelly, *A Forgotten Conference*, p. 136.
〔註225〕*Die Grosse Politik*, V. XVI, pp. 135～136；孫瑞芹譯，《德國外交文件有關中國交涉史料選譯》（二），頁126。
〔註226〕李德征，《義和團運動史》，頁418。
〔註227〕*The Times*, Dec. 01, 1900.

未能議定的主要因素。在此之中，美德兩國的意圖尤其是南轅北轍，實際上已成為針鋒相對的兩端。

在賠款方面，吾人先比較當時各國貨幣換算，如表 15：

表 15　各國貨幣換算表

| 外國貨幣 | 中國銀兩 1 兩 | 外國貨幣 | 中國銀兩 1 兩 |
| --- | --- | --- | --- |
| 英鎊 | 0.15 英鎊 | 俄國盧布 | 1.41 盧布 |
| 美元 | 0.75 美元 | 法郎 | 3.75 法郎 |
| 德國馬克 | 3 馬克 | 日圓 | 1.4 日圓 |

本表之貨幣換算，美金根據 George N. Steiger, *A History of the Far East* (NY: Ginn and Company, 1936), p. 695 換算；其餘各國貨幣，則根據王樹槐，《庚子賠款》（臺北：中央研究院近代史研究所，1985），頁 60 換算而來。

本節以下出現的外國貨幣金額，皆在括號內附以筆者換算後的中國銀兩表示。在賠款總額方面，美國政府考慮到中國的財政困難，深怕若列強任意的需索，會超過中國的能力負擔，進而使中國完全破產，如此則中國市場也會破滅，因之處心積慮要從經濟面保持中國的完整。

1901 年（光緒 27 年）初期，美德兩國的雙邊關係若從整體脈絡來看，天秤似乎較向美國傾斜。因為就經濟層面而言之，德國因為現金需絕對的依賴美國市場，復因為跟美國在國內外皆有著貿易、工業的競爭關係，故此面臨了稍有不慎，財務狀況極可能崩潰的風險。原來在 1899 年（光緒 25 年）底，其專家就已警告德國務必抑止工業上的通貨膨脹，但工業界、尤其是礦產業卻一意孤行，而薩克遜以及波西米亞礦區的大罷工使得形勢雪上加霜，造成了煤荒，從而也就連動導致了鋼、鐵的過度漲價，最後連股票、政府公債也為之通貨膨脹。整個市場在 1899 年（光緒 25 年）前四個月之內，都在瘋狂的投機，這時美國的礦產業者只要能夠解決運輸成本的問題，也就能在德國和其他歐洲國家建立永久的龐大市場。更有甚者，美國本身的鋼、鐵產品價格下跌，不但在國際市場，在德國國內市場，也嚴重威脅到德國的相關業者，例如美國的鐵道產品在德國都顯得比德國產品有競爭力。而德國的工業在多年成長之後，卻持續下滑，至 1899 年（光緒 25 年）6 月 7 日為止，平均下滑 10% 至 15%，引起了莫大恐慌，於是投機客無法安定，而銀行又利用新的交易所法規規避對於期貨的責任，所以在人們對柏林交易所失去信心以後，原本

的交易大多改在倫敦、紐約進行，柏林交易所收不到預期的稅收，這又惡性循環影響到了德國將海軍艦隊加倍擴大的雄圖。總而言之，美國實乃德國真正在商業上忌諱的對手。在所有主要製造業領域，兩國可說都是全力以赴，互不相讓，而美國卻已在鋼鐵工業略勝一籌；德國在美德商業競爭中居於劣勢，尚有其在食品工業、原物料方面，也須仰仗美國：一般德國民眾習以為常的日用品，主要也是自美國進口、或者是由美國進口的機械所製造。凡此種種，皆促使德國對美國由恐懼演變成仇視，例如前述的食品工業，使得德國農產業者力抗美國的肉類與穀物產品呼籲，也就獲得廣泛的迴響，至於甫升任德國首相的布洛夫要如何在商業問題上面對美國，又要如何處理農產業者、保護主義之製造業者的反美運動，尚待觀察，否則勢必重燃美德之間的關稅大戰，這也會影響布洛夫於外交大臣任內在 1900 年（光緒 26 年）7 月與美國簽訂之商業條約，而這正是他頗引以為傲的一點。在內政方面，德國的銀行業也因為在工業繁榮時過度貸款予投資人，反過來又有許多小投資客投資銀行，結果遇到經濟因前數種原因所致的蕭條，不但許多人血本無歸，有的銀行也無法正常支出，更在政府調查後發現許多銀行用假帳欺騙投資人的醜聞，德國社會為之譁然。最糟糕的是，在中國局勢方面，正由於其市場關閉，影響了德、中貿易，也由於瓦德西中國遠征軍的龐大支出，使得德國政府財務吃緊。而整個中國事件最令德國痛苦而又難堪之處，則是繼英國、俄國、北歐國家之後，德國政府也須如同乞丐般低頭向美國貸款 8,000 萬馬克來應急，是以在德國各界引起了居然得借用「洋基黃金」（Yankee Gold）的憤慨與騷動。〔註 228〕

原來 9 月 15 日，美國主要媒體皆報導了紐約的花旗銀行，與德國的北德意志漢堡銀行（the Nord Deutsche Bank of Hamburg）和漢堡的 M.沃爾堡公司（M. Warburg Company）與紐約的庫恩雷波公司（Kuhn，Loeb & Co.）承擔德意志帝國 8 千萬馬克的國家債券，該貸款年息 4%，將於 1904 至 1905 年到期。同時經由帝國銀行的批准，債券將在美國發行。〔註 229〕對於德國向美國貸款，輿論界尚有許多評論：《芝加哥每日論壇報》認為德國部分貸款既然由美國公司負責，就凸顯了美國不但是個債權國，而且通過金融市場具有協助他國的

---

〔註 228〕 這段分析主要整理自 *NYT*, Jan. 20, 1901.
〔註 229〕 *NYT*, Sept. 15, 1900; Chicago Daily Tribune, Sept. 15, 1900; Los Angeles Times, Sept. 15, 1900.筆者案：沃爾堡公司與庫恩雷波公司皆為德裔的美國猶太移民所創辦的投資銀行。

能力；〔註230〕該報又引述《泰晤士報》專家的見解，謂德國貸款是為精明的交易，得以將黃金帶回帝國銀行的金庫，從而緩解了金融市場的緊張；更舉瑞典為對比，其將向美國貸款 1 千萬美元，而且 1920 年前不得提前還款，初 10 年需支付每年 4%的利息，其後降為 3%，反觀德國財政部門不欲在德國支付這麼高的利息，故而求助美國，而且在 1904 或 1905 年間可以還款完畢；〔註231〕德國帝國國庫大臣迪爾曼（Thielmann）則在國會接受質詢時，解釋向美國貸款的原因為德國金融市場在 9 月時狀況不佳，政府有責任避免引發利率上升，因而考慮向英、美兩國貸款，該兩國有龐大的現金可資運用，尤其美國條件更好。惟農黨領導人卡尼茨（Kanitz）憂心美國將成為歐洲的銀行，迪爾曼則表示並非德國人追隨美國人，而是美國人親近德國人；〔註232〕儘管如此，仍有諸多媒體譴責德國政府，以為向美借款是美國羞辱德國的算計，更有報紙提出政府尚有 1 億 4 千萬馬克在手，何苦貸款，使德國淪落成為俄國和一些貧窮小國的地位？〔註233〕德國媒體也有報導，認為美國必須向德國貸款的時代已成歷史，而政府出於金融緊張訴諸美國貸款的政策是明智的；〔註234〕《倫敦財金時報》（*London Financial Times*）評論美國的收穫，表示英國、德國皆向美國貸款，係美國在世界金融市場地位重要的象徵，該報也承認對於美國對德貸款在柏林、乃至全德國所造成的騷動，深感錯愕。〔註235〕

　　麥金萊政府何故竟願貸款與德意志帝國？從全球性的國家利益觀之，美國已成為世界銀行，繼英國、俄國等世界大國向美借款後，再加上工業發達的德國也來貸款，更能進一步提升美國的影響力。此實為美國「金元外交」的勝利；從美德關係的角度來看，兩國因為薩摩亞群島、菲律賓問題所起的衝突已經過去，而甫於 7 月達成商業諒解的協議，美、德雙方都很重視，況且德國為美國重要的貿易國，幫助其維持國內金融市場的穩定，有利於美國；最後從美德貸款反應在中國局勢來看，則對中國極其不利，蓋德國貸款的主要目的即為支付其中國遠征軍的開支，美國此舉無異於資虎傷人。惟筆者也未能排除此為麥金萊政府深謀遠慮的一層，一旦列強開始與中國談判善後事宜，企圖藉用貸款的關係，多少影響德國的要求，蓋德國在華之所欲往往為美國所不樂見者。

〔註230〕*Chicago Daily Tribune*, Sept. 16, 1900.
〔註231〕*Chicago Daily Tribune*, Sept. 20, 1900.
〔註232〕*Los Angeles Times*, Dec. 01, 1900.
〔註233〕*Chicago Daily Tribune*, Sept. 16, 1900.
〔註234〕*Los Angeles Times*, Sept. 15, 1900.
〔註235〕*Chicago Daily Tribune*, Sept. 29, 1900.

　　在 1901 年（光緒 27 年）初，海約翰國務卿就訓令駐華公使康格，對於賠款問題，其務必盡力達成：（一）須在列強公使之間取得賠款總額的共識；（二）而且還要使得這筆總額盡量合理化。美國政府當時估計清廷至多只能付出 1 億 5,000 萬美金（2 億兩），因此列強對各自提出的賠款數目勢必也須相應減低；（三）一旦賠款總額確定之後，要確保公平而符合美國索賠比例的賠款歸於美國。而美國的損失及戰爭支出則為 2,500 萬美金（約 3,333 萬兩）左右；（四）如果因賠款問題在列強之間遲遲不能達成共識而拖延，則提議將此問題交由海牙國際法庭進行仲裁。〔註 236〕

　　對於海卿的訓令，康格做了嘗試以後，發覺有極大的困難，窒礙難行。他的最大阻力即來自於德國方面。德國公使穆默就坦率告知康格，德國不會慨然同意先行議定中國賠款的總額，也不會減低自己的索賠金額。〔註 237〕美國對於遊說列強接受其提議的前景，實則早已有所覺悟必然即為困難，因為歐洲列強為其軍事支出必然會要求巨額的賠款，尤其是在美國看來，德國應該會要求最巨額的賠償，何況德國派遣至中國遠征的將士皆支領原本 5 倍的軍餉，這筆帳勢必要轉嫁於中國。〔註 238〕原來德國方面，在 1900 年（光緒 26 年）11 月起，業已開始計算向中國索取的賠款數目，當時根據擔任中國海關稅務司總監的英國人赫德的估計，認為中國只可以負擔 5 千萬英鎊（約 3 億 3,333 萬兩）的賠款，而沙俄光是為了滿洲的鐵路就要求賠償 800 萬英鎊（約 5,333 萬兩），所以穆默公使遂建議德國政府也要及時跟列強先達成協議：〔註 239〕德國政府此時關切的重心是在於英國，另外因其中國遠征軍已經支出、還要支出的費用至少為 1,500 萬英鎊（1 億兩），也指示穆默公使要以這個數目作為要求的基礎。〔註 240〕到了 1901 年（光緒 27 年）元月底，根據德國外交部發給穆默公使之密令，德國遠征軍的費用呈現幾何式的飛躍，竟然估計為 4 億馬克（約 1 億 3,333 萬兩）。〔註 241〕這也正是為何穆默公使直接拒絕美國康

〔註 236〕 Mr. Hay to Mr. Conger, Jan. 29, 1901, *FRUS 1900*, Appendix, p. 359.
〔註 237〕 Mr. Conger to Mr. Hay, Feb 5, 1901, *FRUS 1900*, Appendix, p. 70.
〔註 238〕 *NYT*, Jan. 5, 1901.
〔註 239〕 *Die Grosse Politik*, V. XVI, p.357；孫瑞芹譯，《德國外交文件有關中國交涉史料選譯》（二），頁 327。
〔註 240〕 *Die Grosse Politik*, V. XVI, p.358；孫瑞芹譯，《德國外交文件有關中國交涉史料選譯》（二），頁 328。
〔註 241〕 *Die Grosse Politik*, V. XVI, pp. 374～375；孫瑞芹譯，《德國外交文件有關中國交涉史料選譯》（二），頁 343～344。

格公使減低中國賠款總額與各國索取賠款的根本之因。

在德英協議方面，外交大臣布洛夫更是訓令駐英大使哈慈菲爾德向英國表明德國對於中國賠款的立場：由於赫德在中國海關也任用數位德國人，公平考慮到德國的經濟利益，故德國支持他留任中國海關稅務司總監，不過要依靠赫德來設立歐洲人領導、或只由歐洲人管理中國全國的財政制度不可行，把建立在埃及、希臘小國的制度用之於中國也不可能，大規模奪取中國各項稅收，亦不可行，因此外國人就要依靠中國海關來滿足其要求。而中國既無力以其現款分期償還賠款，唯一的辦法就是發行付息按年還本的借款，如此就要靠海關來支付每年的付息還本，故現行稅率需要提高 1、2 倍。〔註242〕對於德國的意見，英國新任外交大臣蘭斯敦（Henry Charles Keith Petty-Fitzmaurice, 5th Marquess of Lansdowne，1845～1927）很審慎，只是答覆：「英德兩國將因列強過度的要求及勢必因此而大大提高進口稅率受最大的損失。因為我們在華貿易是最大的。此外法俄係中國的直接鄰邦，將因海關稅率的增加而得到利益，因為他們將促進由陸路邊境輸入中國的貨物。」〔註243〕

至於賠款的總額，列強所估計者更是遠邁於美國的估計，像赫德都認為中國可以支付 2 億 5,000 萬至 3 億兩的賠款。而康格初步的估計，除非列強能迅速達成共識或者商議好減低索賠的金額，否則赫德提出的數字恐怕遠不能滿足列強的要求。〔註244〕再從中國付款的財源來看，大部分列強傾向以增加中國海關的稅收來支付。由於當時進口至中國的貨物名義上按價以值百抽五課稅，而實際上卻只等同值百抽三點五，〔註245〕有的貨物甚至低到值百抽一或二，〔註246〕所以泰半外商皆認定雖然中國將增加多少稅收還未可知，但將海關進口稅率提升至值百抽十為可行之計，因之，多數列強也就初步主張按此方案增加中國還款能力，但是也有列強持反對立場（雖然康格在報告中未

〔註242〕 *Die Grosse Politik*, V. XVI, pp. 361～362；孫瑞芹譯，《德國外交文件有關中國交涉史料選譯》（二），頁 332。

〔註243〕 *Die Grosse Politik*, V. XVI, p. 231；孫瑞芹譯，《德國外交文件有關中國交涉史料選譯》（二），頁 364。

〔註244〕 *Die Grosse Politik*, V. XVI, p. 231；孫瑞芹譯，《德國外交文件有關中國交涉史料選譯》（二），頁 364。

〔註245〕 *Die Grosse Politik*, V. XVI, p. 231；孫瑞芹譯，《德國外交文件有關中國交涉史料選譯》（二），頁 364。

〔註246〕 李德征等著，《義和團運動史》，頁 421。

指明爲何國，顯然就是控制中國海關的英國），該列強認爲提高關稅勢必須與修改商約來進行，否則中國人會認爲列強是自己付賠款予自己。爲了這些錯綜複雜的問題，康格必須請示國務院如何因應。〔註 247〕

不過或許是出於康格公使的努力，公使之間至少達成共識，各自詢問母國政府是否在列強之間有所共識，已決定採用何種方式決定中國賠款的總額？〔註 248〕而且各國將依據彼此同意的規則來向中國索賠，還是各國保留權利逕自向中國索賠？海約翰國務卿依然堅持美國原本的立場，由列強各自向中國索賠不可行，所以「如果列強概略估計的數字爲超過中國所能支付的總額，則該總額需減爲合理的數目，這數目也須在談判中始終當成總額來處理」；〔註 249〕同時，海卿也很憂心列強之間的折衝，特別要求康格公使一旦賠款總額議定後，務必要堅持美國該分得之賠款數目，若列強在北京要達成賠款分配的協定不可行時，則須建議交由海牙國際法庭仲裁。〔註 250〕

在其後的使節團會議中，康格公使即發覺要求列強先議定中國能力所堪負荷之賠款總額，並要求她們各自減低索賠金額，根本不可能，德國公使更是堅持中國有能力支付一切賠款，而德國政府一定會要求完全賠償德國的支出與損失。〔註 251〕事實上，德國公使穆默對於康格公使在使節團會議上一再提出的類似建議，無須請示德國政府，自己都覺得跟德國利益衝突矛盾，也才會有這樣的反應，例如他就向外交部報告，「美使遵照其政府訓令宣讀提議先規定中國支付能力，然後依照各國費用及損失來分配賠款總數。對這個提議殊欠同意傾向。」〔註 252〕約莫同時，柏林方面也一度盛傳中國正在紐約與美國標準石油公司（Standard Oil Company）以及幾家銀行洽談貸款，〔註 253〕雖然未能證實，但德國官方肯定爲此感到不安。

由於列強之間至少關於私人賠款的適用範圍達成共識，美國的立場益形與其他列強矛盾。賠款的適用範圍爲：（一）只有在 1900 年（光緒 26 年）中國排外運動中，蒙受立即而直接之損失者得以索賠：（二）索賠者必須提出能令其本國外交代表滿意之證明，而且該證明亦須符合於其本國之法律與習

---

〔註 247〕Mr. Conger to Mr. Hay, Feb 5, 1901, *FRUS 1900*, Appendix, p. 70.

〔註 248〕Mr. Conger to Mr. Hay, Feb 5, 1901, *FRUS 1900*, Appendix, p. 360.

〔註 249〕Mr. Hay to Mr. Conger, Jan. 29, 1901, *FRUS 1900*, Appendix, p. 362.

〔註 250〕Mr. Hay to Mr. Conger, Jan. 29, 1901, *FRUS 1900*, Appendix, p. 362.

〔註 251〕Mr. Conger to Mr. Hay, Feb. 18, 1901, *FRUS 1900*, Appendix, p. 87.

〔註 252〕*Die Grosse Politik*, V. XVI, pp. 378～379；孫瑞芹譯，《德國外交文件有關中國交涉史料選譯》（二），頁 347～348。

〔註 253〕*NYT*, Feb. 22, 1901.

俗：（三）各外交代表在審視其公民所提出之索賠案件後，再提出概略估計之金額，最後各國之金額加總後逕自向中國索賠，而且無須向清廷解釋細節。〔註 254〕儘管明知德國在賠款總額上的強硬態度，海約翰國務卿應當注意到了德國國內政治的氛圍，各黨派在國會都強烈要求政府盡快自中國撤兵，〔註 255〕是以決定再度嘗試，看看是否能有所突破。就在這樣的背景之下，柔克義再次提出美國之中國賠款總額須在其支付能力範圍之內的主張，旋即為德國、英國、義大利公使反對。同時由於列強決議 5 月 1 日為個別列強提出其索賠金額的最後日期，柔克義也急於知道美國政府是否要將未來軍事佔領的支出也計算在美國的索賠金額之內。〔註 256〕對此，海約翰國務卿仍不放棄美國立場，指示柔克義設法使中國賠款總額降低在 4,000 萬英鎊（約 2 億 6,666 萬兩）之內，同時也因為列強只打算向中國提出索賠總額，而未對索賠理由及各國細目加以解釋，如此則需要各國對賠款分配的比例進行協調，是故海約翰國務卿再次強調，若賠款分配問題無法在北京解決，提交海牙國際法庭仲裁。〔註 257〕為求問題之解決，美國政府最大的讓步在於只要列強能同意降低索賠金額，她不但願意減少自己的索賠金額，更主張中國賠款總額減至 1 億美金（約 1 億 3,333 萬兩）。〔註 258〕針對美國的堅持，布洛夫首相在德國國會演講時，意在弦外指出，德國對於正在中國談判的列強，阻止其摩擦有著最大的利益；此外，德國在東亞有許多要捍衛的利益；最重要的是，德國必須堅持對克林德公使被戕一事有足夠的賠償，這是一個關係到德國榮譽的問題，而且她對此也有著莫大的利益。〔註 259〕很顯然的，布洛夫基於種種他對美德關係的顧慮，在此對美國傳遞訊息：德國一定要向中國索取其所當得的賠款，美國莫再干涉。不過海約翰國務卿棄而不捨，又命令柔克義嘗試提出另一個方案：將獲得的中國賠款，數目暫定為 2 億美金（約 2 億 6,666 萬兩），分成八份，

---

〔註 254〕 Mr. Rockhill to Mr. Hay, Mar. 15, 1901, *FRUS 1900*, Appendix, p. 364.

〔註 255〕 德國社會黨人要求「不管以何代價快撤軍」；激進黨左翼及中間派人士則謂「只要還光榮就快撤軍」；連保守黨也有類似的呼籲。*NYT*, Mar. 7, 1901.

〔註 256〕 Mr. Rockhill to Mr. Hay, Mar. 18, 1901, *FRUS 1900*, Appendix, p. 365；根據德國方面的檔案，外交大臣布洛夫發給駐華公使穆默的訓令，賠款數目完全是採用馬克計算，故要求賠款總額為 2 億 4,000 萬馬克（8,000 萬兩），其餘數字也都符合柔克義的報告，不過布洛夫沒有提到私人方面的賠款要求。孫瑞芹譯，《德國外交文件有關中國交涉史料選譯》（二），頁 359。

〔註 257〕 Mr. Hay to Mr. Rockhill, Mar. 21, 1901, *FRUS 1900*, Appendix, p. 366.

〔註 258〕 *NYT*, Mar. 23, 1901.

〔註 259〕 *NYT*, Mar. 21, 1901.

美國分得其中一份。這個方案基本上當然遭致列強反對，但是列強公使至少承認了列強許多在華支出實無必要，例如佔領北京後就無必要在該處維持大軍，特別是佔領北京後還不時派遣所謂的懲罰軍隊。〔註260〕在 3 月 21 日這天，德、英、俄、法、日大使一齊至國務院拜晤海約翰國務卿，就賠款問題個別與海卿交涉，大使們之間也互通意見。〔註261〕在列強自身就賠款問題談判過程中，美國發現其最大阻力仍然是德國。因為截至 4 月初，德國就已計畫向中國要求在 5 月 1 日為止支付 1,200 萬英鎊（8,000 萬兩）的賠款；之後則每月支付 780 萬馬克（260 萬兩）；如果到了秋季，部隊還需換防的話，則外加 2,200 萬馬克（約 733 萬兩）；如果 7 月 1 日前中國還未支付賠款，則每月另計 60 萬馬克利息（20 萬兩）；至於德國私人索賠的部分則為 70 萬兩。〔註262〕德國索賠金額之苛刻的程度，若相較諸同時美國所提出的索賠金額 1,000 萬兩（約莫等於西班牙與荷蘭索賠金額之總和），〔註263〕可知雙方對待中國之立場有何等之差異。僅僅兩日之隔，柔克義又經由非正式管道得知俄國的索賠金額，包含鐵路損失在內，將為 1,750 萬英鎊（約 1 億 1,666 萬兩）；日本要求為 4,500 萬日圓（約 3,214 萬兩）；法國更是要求 2,800 萬法郎（約 746 萬）；連比利時要求亦在 3,000 萬法郎（800 萬兩）。〔註264〕

事已至此，柔克義深深感到要將中國賠款總額降低在 4,000 萬英鎊（約 2 億 6,666 萬兩）之內已是不可為，因此再度請示華盛頓當局中國賠款總額額度。〔註265〕這一次，美國官方極為著急，麥金萊總統都感到憂慮，深怕列強索賠金額加總後會遠遠超過中國能力的極限，海約翰國務卿唯有再次力促柔克義與列強公使達成協議，中國賠款總額不得超過 4,000 萬英鎊（約 2 億 6,666 萬兩），然後在列強之間合理分配這筆賠款，若未果，則訴之海牙國際法庭仲裁；並表明中國賠款是以金錢、而非土地來支付；只要其他列強能接受，美國政府也願意按適當比例來降低其賠款要求。〔註266〕這可說是美國政府的孤注一擲，為降低中國賠款總額所做的最後一次努力。針對美國一再堅持減少

---

〔註260〕*NYT*, Mar. 22, 1901. 由於美國、德國的文獻均未提及美方此次提議的詳情，但筆者斷定，德國公使穆默當是疾言厲色，為瓦德西的河北、山西諸戰役辯解。

〔註261〕NYT, Mar. 22, 1901.

〔註262〕Mr. Rockhill to Mr. Hay, Apr. 6, 1901, *FRUS 1900*, Appendix, p. 367.

〔註263〕Mr. Rockhill to Mr. Hay, Apr. 6, 1901, *FRUS 1900*, Appendix, p. 367.

〔註264〕Mr. Rockhill to Mr. Hay, Apr. 8, 1901, *FRUS 1900*, Appendix, p. 367.

〔註265〕Mr. Rockhill to Mr. Hay, Apr. 6, 1901, *FRUS 1900*, Appendix, p. 367.

〔註266〕Mr. Hay to Mr. Rockhill, Apr. 8, 1901, *FRUS 1900*, Appendix, pp. 367～368.

中國賠款總額的嘗試，英國外交大臣蘭斯敦背地裡也和德國政府連絡，「……在沒有事先與（德國）帝國政府接觸前，對這個提議不採取立場」，探詢柏林方面的意見。〔註267〕柏林方面的答覆，外交大臣李福芬（Oswald von Richthofen，1847～1906）認為：「鑒於美國參加聯合軍事行動的範圍比較不甚重要，從開始時起它就不能要求此間對其提議予以特別考慮。顯然武斷地規定4千萬英鎊（約2億6,666萬兩）的限度，無論如何，與公認為權威者的判斷是不協調的……美國的計算目前不能作為標準的。照穆默先生報告我們的，北京公使委員會估計到本年5月1日為止，各國賠款要求之總額為6,300萬英鎊（4億2千萬兩）。接受美國提議後，不敷之數將相當大。根據早先的經驗，例如土耳其在1877及1878年戰爭中的戰債，這種不敷之數在適當時期可予許多國家一個好的壓迫工具，向中國榨取各種特別權利。因此，依我們的意見，東亞將來不安的危機將要發生。」〔註268〕這說明在列強之間的世界，畢竟還是赤裸裸的強權政治，因此德國對於自始對出兵中國就不是很積極的美國，認為其軍力亦不強，有著認為她作用不大的偏見，也代表了她對於美國及早撤兵不肯配合瓦德西遠征軍的怨恨，不過在急於為自己攫取大筆中國賠款時，又忌諱美國挾其雄厚的經濟勢力，若貸款供中國支付賠款，會藉此在中國產生巨大的控制力。對於美國提供中國貸款以支付賠款，然後向中國換取各種特權的可能性，英國外交大臣蘭斯敦向德國大使哈慈菲爾德表示完全同意，需建議英國內閣拒絕美國提議。〔註269〕對於中國，德使穆默向李鴻章表示，只要中國接受賠款四釐利息，德國即撤軍；李鴻章也上奏，因為英、美、法也主張四釐利息，故惟有同意，列強才會撤兵，否則秋後撤兵，勢必又要增加鉅款加稅。〔註270〕

　　也正因為列強的密商，美國在此問題上卻是完全被孤立，只是各國又不便當面拒絕美國，於是外交使節團雖然對中國賠款總額以4,000萬英鎊（約2億6,666萬兩）為限討論一番，各國公使卻都是空論而不肯贊同，例如英國公

〔註267〕 *Die Grosse Politik*, V. XVI, p. 405；孫瑞芹譯，《德國外交文件有關中國交涉史料選譯》（二），頁372。
〔註268〕 *Die Grosse Politik*, V. XVI, p. 406；孫瑞芹譯，《德國外交文件有關中國交涉史料選譯》（二），頁373。
〔註269〕 *Die Grosse Politik*, V. XVI, pp. 410～411；孫瑞芹譯，《德國外交文件有關中國交涉史料選譯》（二），頁377。
〔註270〕〈全權大臣李鴻章致總署據德使言如允賠款即可撤兵電〉，《清季外交史料》，卷147，頁1。

使即謂賠款總額需合理，使中國不致無法支付：日本公使則說或許可考慮減低索賠金額之必要；俄國公使則謂需考慮中國主要的財源；毫無意外地，唯一連面子也不給美國的又是德國公使穆默，他揚言若中國能付清所有賠款，何須對中國慷慨。﹝註271﹞穆默公使對美國減低中國賠款總額的舉動，極爲抱怨：「美國人提議聯合賠款總數應限於4千萬英鎊（約2億6,666萬兩），實在是個僞君子。他們如此無恥地提出2,500萬美元（約3,333萬兩）這樣高的要求，即使減至一半，還能得到相當大的利潤，而那些只要求實際支出費用之國家將因減低而直接受損。」﹝註272﹞事已至此，海卿只能向伍廷芳表示，列強皆謂美國聽信伍使，立場過於偏袒中國，今再力爭賠款一事，已無把握。﹝註273﹞

再從美德關係的層面來看，雙方的輿論界因爲中國賠款問題，加上新仇舊恨，遂有互相攻訐之事愈演愈烈的情況。英、美報紙流傳的謠言，傳說德國正在向中國索取新的領土割讓，而且還要求中國再處決更多省分的官員，以爲反歐洲人的暴動負責，柏林方面就很憤怒否認，並有高階官員澄清：「把這樣的要求說成是德國所提出，事實上是美國和英國所發布，這兩國在中國一些省份皆有傳教士和僑民罹難，這也正是法國和義大利的遭遇。而另一方面，德國並無傳教士遇難，反而是支持美國和英國的要求，必須在北京維持列強的團結……把德國說成有這種要求是很無恥的。」﹝註274﹞德國的《十字報》（Kreuz Zeitung）則質疑：爲何列強對德國一致具有敵意，包括美國在商業方面已被證實的敵意，以及美國在中國常常顯示的對德仇恨態度？﹝註275﹞並且這時候，德國不管是官方或私人，對於美國輿論界動輒將德國渲染爲莎士比亞筆下那種放高利貸的賽洛克（Shylock）之流，要榨盡中國的血，而且也把德國要求的賠款數目說得高於實際狀況，皆感到不悅亦且不解，何況這

---

﹝註271﹞ Mr. Rockhill to Mr. Hay, Apr. 23, 1901, *FRUS 1900*, Appendix, p. 369.吊詭的是，當康格公使返回美國度假而接受記者訪問時，他透露其認爲中國有能力支付之賠款爲3億美金（4億兩）：同時他也坦言，中國殘忍野蠻的故事是經過誇大的。見 *NYT*, Apr. 26, 1901.

﹝註272﹞ *Die Grosse Politik*, V. XVI, pp. 416～417；孫瑞芹譯，《德國外交文件有關中國交涉史料選譯》（二），頁382～383。

﹝註273﹞〈侍郎盛宣懷致奕匡李鴻章轉伍廷芳電賠款事美商各國還銀未允可請公評電〉，《清季外交史料》，卷147，頁19～20。

﹝註274﹞ *NYT*, Mar. 28, 1901.

﹝註275﹞ *NYT*, Apr. 21, 1901.

些報導又流傳至英國轉載：〔註276〕德國官員們無法理解「美國輿論界在賠款問題上有系統性的惡意」，亦有德國官員受訪表示「德國可以 1 馬克 1 馬克證明其索賠金額的正當性。」〔註277〕值得一提的是，反對美國的情感並不限於德國國內，以大德語區而言，奧匈帝國的培茲（Alexander von Peez）教授就投書《慕尼黑日報》（*Munich Allgemeine Zeitung*），指出美國得天獨厚，從英國、德國移民身上得到了兩者優越的種族特質，憑藉著橫跨兩洋的廣大土地，具有各種技能又大膽的美國人，心無旁騖的追求其各種利益。在德國陷於中國、英國苦於南非、美國困於菲律賓之時，美國必定最早脫身，也就會進一步在工業方面向歐洲挺進，美國已在農業方面造成歐洲業者七零八落，美國的工業能力也是不遑多讓，在過去三年對歐洲就取得了 16 億美金的貿易順差。歐洲要自保的話，就須團結用聯合關稅對抗美國。〔註278〕無獨有偶地，維也納的蘇斯（Edward Suess）教授也從政治哲學的角度提出：中歐國家應該發展出共同抵抗美國托辣斯的運動以代替原本的國家情感，因為美國托辣斯比船堅礮利更能征服外國市場。美國貿易順差已達到空前未有之地步，所以中歐國家政府是否強大到足以抵抗美國就攸關重要了。〔註279〕在美國方面，論及德國在中國的情形，其實也有秉持比較中立立場的人士，不過他們也帶著美國人的優越感，例如美以美教會的索本主教（Bishop Thoburn）就在愛阿華州長主持下，發表演說：「美國要嘛同意讓某些列強瓜分中國，要嘛就制止。如果我國果然說：『不可以這樣做』，不是所有歐洲國家都敢冒著違背我國意願會有何後果的風險。英國和日本會支持我們，而德國儘管確實想要中國南部的海岸，還是會就範的。」而這番演說受到在場觀眾幾次熱烈的掌聲。〔註280〕

柔克義證實了列強公使拒絕將中國賠款總額降至 2 億美金（約 2 億 6,666 萬兩）之後，就採取了為求列強團結起見，雖然放棄了美國政府所提之數目，還是會要求列強再將總額減低一些，此時他還樂觀估計列強正式提出的賠款總額應會介於 2 億美金（約 2 億 6,666 萬兩）與 3 億 3,700 萬美金（約 4 億 4,933 萬兩）之間。〔註281〕最後，外交使節團決定通知清廷列強所要求之賠款總額，包含直至 7 月 1 日的軍事開支與私人賠償在內，總計 6,750 萬英鎊，也就是折

〔註276〕 *NYT*, Apr. 28, 1901.
〔註277〕 *NYT*, Apr. 28, 1901.
〔註278〕 *NYT*, Jun. 27, 1901.
〔註279〕 *NYT*, Aug. 23, 1901.
〔註280〕 *NYT*, Feb. 4, 1901.
〔註281〕 *NYT*, May 24, 1901.

合中國海關銀爲4億五千萬兩的天文數字，並要求中國正式承認其所負責任、說明將以何種財政措施支付賠款。〔註282〕由於賠款總額遠遠超過美國政府的期望，柔克義只能對照會表示諒解，認爲「它在任何意義下絕非一個要求，抑或索賠款項的最後數字，不過是一種方式，汲取中國對於其賠款能力上限與所建議採取方式的正式答覆。」〔註283〕

雖然中國之賠款總額未能盡如美國之意，降至其希望的範圍之內，但是關於列強對於中國無止境的需索，至少由於美國政府的努力，基本上是起了遏止作用。在所有列強之中，柔克義發現德國是最不肯讓步者，尤其在英國需要她幫助在中國牽制沙俄的勢力擴張，更是對德國盡量讓步以換取其合作時，美國所主張的對華寬容的政策實施也就格外的困難。誠如柔克義所言：「的確，美國提議減低賠款沒有獲得任一列強的贊同，但無疑問地，出於我們對寬容的堅持，對列強節制她們的需索至爲關鍵。」〔註284〕

賠款的總數決定以後，列強對於賠償方式，又有歧異。俄國、法國原本建議德國，如果三國爲中國作保，籌集國際基金，一次將債還清，對於三國最省事，而且國際金融集團也會樂於成爲中國的債權者，急於拿到賠款的德國，對此自是極爲心動，但是由於英國、美國的反對，此計畫也就行不通。英國、美國反對的理由，是認爲如此會造成國際共管中國財政的局面，破壞中國的「行政完整」，也就是違背了「門戶開放」精神。〔註285〕對於賠款的方式，德國主張「每一個國家將從中國得到等於其全部賠款的保票，年息四釐，並每年至少還本百分之點五，付利還本的基金將由中國取之於鹽稅、常關稅及一個增加的海關稅中。」〔註286〕俄國、法國也主張如果付息的擔保不足，關稅以值百抽五至七點五的方式，作爲中國賠款方式，並且必要時用中國鹽稅、常關稅來抵補中國償款。〔註287〕但是控制中國海關的英國，很明白這會破壞她對中國貿易的地位，也就反對用關稅作爲擔保。美國也不同意這種方法，如此會妨礙到其對中國貿易的發展，因此提出若關稅改爲值百抽五的話，就須以三個條件爲補償：（一）海關稅率由從價標準改爲從量標準；（二）改善上海、天津河道，中國政府也須分擔費用；（三）修改現行內河航行章程，

〔註282〕Mr. Rockhill to Mr. Hay, May 7, 1901, *FRUS 1900*, Appendix, p. 370.

〔註283〕Mr. Rockhill to Mr. Hay, May 7, 1901, *FRUS 1900*, Appendix, p. 370.

〔註284〕Mr. Rockhill to Mr. Hay, May 25, 1901, *FRUS 1900*, Appendix, p. 175.

〔註285〕李德征等著，《義和團運動史》，頁422。

〔註286〕*Die Grosse Politik*, V. XVI, pp. 426～7；孫瑞芹譯，《德國外交文件有關中國交涉史料選譯》（二），頁393。

〔註287〕李德征等著，《義和團運動史》，頁423。

對外國船隻一律開放。〔註288〕而各國公使，基本上同意，因此公使團漸漸達到共識之後，就準備與中國簽訂《辛丑議定書》了。〔註289〕

1901 年 9 月 7 日，列強公使與中國的李鴻章、奕劻簽訂了《辛丑議定書》：其中關於賠款就規定：中國政府賠款各國白銀 4‧5 億兩，分 39 年還清，年息四厘，本息 9 億 8,223 萬 8,150 兩，以海關稅、常關稅和鹽稅作擔保。

若比較各國所得賠款金額如表 16：

### 表 16　各國賠款金額百分比

| 國別 | 庚款總額（中國庫平銀） | 所占百分比 |
|---|---|---|
| 俄國 | 130,371,120 | 28.97136 |
| 德國 | 90,070,515 | 20.01576 |
| 法國 | 70,878,240 | 15.75072 |
| 英國 | 50,620,245 | 11.24901 |
| 日本 | 34,793,100 | 7.73180 |
| 美國 | 32,939,055 | 7.31979 |

資料來源：王樹槐，《庚子賠款》，頁 60。

吾人可以發現，若美國在 1900 年（光緒 26 年）8 月貸款 8,000 萬馬克予德國紓困，並企圖以之為要求在中國合作的代價，則德國政府的不合作，自有其道理，因為從中國獲得的賠款折合馬克約 2 億 7,000 萬有餘，而且是不用償還的鉅款，即使將此款用以償還美國貸款，仍有近 2 億馬克可資建設海軍或撥作其他用途，真可謂是「一本萬利」。而從賠款分配總體來看，俄、德、法三國占了 60% 以上，而英、美、日還不到 28%。但是根據學者統計，由於各國皆浮報在中國軍費開支，就以美國軍人待遇在當時已為世界最好者而言，約高出英國 1 倍、德國 6 倍、法國 10 倍，〔註290〕無論再如何估計，各國平均向清廷多索取了 40% 軍事開支費用，而德國、美國、法國則要求最多。〔註291〕

---

〔註288〕李德征等著，《義和團運動史》，頁 424。
〔註289〕由於事後清廷不承認與各國開戰，至於庚子事件則是由於義和團茲事造成，因此稱之為《辛丑議定書》。
〔註290〕王樹槐，《庚子賠款》，頁 55。
〔註291〕王樹槐，《庚子賠款》，頁 59～60。

　　對德國、日本謝罪方面規定：中國分派親王、大臣赴德、日兩國道歉，並在德國公使克林德被戕之處建立牌坊。其他危害中國地方是空前巨大，例如自 1840 年（道光 20 年）以來，列強侵吞中國白銀已達 1,000 多億兩，其中《南京條約》等八個不平等條約，就榨取白銀 19.53 億，相當於清政府 1901 年（光緒 27 年）國家財政收入的 16 倍。〔註 292〕易言之，賠款使中國人民負擔沉重，常見說法是庚子賠款使當時中國四億人口平均每人負擔一兩多銀元，若加上所有清廷歷年賠款、所舉外債，則遠不止此數。民生凋敝，可想而知。將北京東交民巷劃定為使館區，各國可派兵駐守；拆除大沽及有礙北京至海通道的所有礮臺；原總理衙門改為外務部，成為六部之首，成為列強與中國政府交涉的專門機構；清政府並承諾日後嚴厲鎮壓任何排外組織活動。這些條款完全剝奪了中國作為一個主權國家的權利，對中國遺害萬年。諷刺的是，這些條款卻與美使田貝在 1895 年（光緒 21 年）提出之 19 條建議，基本符合，而當時的克里夫蘭政府就因田貝意見太過偏激而拒絕考慮。既然庚子事變業已證明清廷非但無力改變中國，而且還成為阻礙，因此中國人認為只有革命推翻清朝才能通往康莊的未來。〔註 293〕但庚子事變似乎也造成瓜分中國觀念的消失：義和團雖然方法不當，但其民族主義與愛國意識，也表現出了中國民族不可侮的精神。因此列強在事變以前，時常討論瓜分中國，事變以後，瓜分觀念漸漸消失。〔註 294〕

---

〔註 292〕劉會軍，《近代以來中外關係與中國現代化》（長春：吉林大學出版社，2006），頁 5。

〔註 293〕Kindermann, *Der Aufstieg Ostasiens in der Weltpolitik*, pp.89～90.

〔註 294〕傅啓學，《中國外交史》（上），頁 180。

# 第七章　結　論

總結本書以上各章，筆者有下列結論：

## 一、就兩國的雙邊乃至全球化關係而言

（一）從最早期的北美十三州與普魯士關係來看，雙方在外交關係上可說是單純而極為和睦。在十八世紀後半葉起，原本還是歐洲大陸神聖羅馬帝國鬆散治下小國之一的普魯士，在美國 1776 年（乾隆 41 年）獨立戰爭時，一方面她以及相鄰的德意志各邦是美國移民人口的重要來源，占了北美十三州移民約近 10%的比例，也就是 25 萬的人口，而這些德意志移民在獨立戰爭中也對美利堅合眾國的誕生，有了巨大的貢獻；更重要的則是當時普魯士的腓特烈大帝，由於其獨具慧眼，在國際局勢中以保持中立的方式支持了北美十三州的人民。腓特烈大帝可說是早期美國與普魯士關係的靈魂人物，他在美國人眼中可能被過度美化的歐陸列強中自由與啟蒙精神的化身，也就對美國、普魯士的雙邊關係有著正面的影響，並持續至少一百年以上的時光。1785 年（乾隆 50 年）的《普美友好通商條約》，其內容為確認兩國的友好，而且彼此在商業上與航海自由方面給予最惠國待遇、以及雙方即使成為敵對國家仍需彼此人道相待的條款。這個條約既然成為未來美國與許多國家簽署條約時的母本，當然在美國與中國的望廈條約中，就可看出這個條約的基本精神，儘管是個不平等條約。但回歸到現實政治上，雙方在 1830 年代末期才有了常駐使節，由這個事實可以看出，雙方因為在國際事務上，無論何種原因，甚少接觸，而美國人對普魯士的好感還停留在腓特烈大帝的浪漫傳說。

　　（二）1830年代末期，從雙方因雙邊關係日益重要而互派外交代表開始，美國與普魯士關係又進入了新的階段。直至1840年代末期，在德意志諸國之發生之「三月革命」，儘管性質上也有著德意志民族主義的本質，而這種民族主義甚至是二十世紀世界大戰的成因之一，但是當代美國人莫不對普魯士抱有一種成立以美國政治制度為藍本的德意志聯邦政府的憧憬。在1860年代，美國則發生了內戰，而此時普魯士的鐵血首相俾斯麥則延續了腓特烈大帝的做法，以示對美友好，在外交上採取種種對美國北方聯邦有利的措施，而且普魯士國內也大量購買北方聯邦的債券，以示對美國的支持，這種種作為，都使得免於分裂的美國感激。其實，俾斯麥的作風，頗有種不是真正在使勁幫忙、不過是順水推舟的人情罷了，但是在普魯士從1860年代中直至1870年代初統一日後德國的戰爭中，也獲得了美國的外交支持回報。當代的美國人仍執迷於德意志聯邦政府的實現。而從1850年（道光30年）至1870年（同治9年），到達美國的德意志移民續創高峰，構成了美國外來移民中受歡迎之健康成分。令人深思者，則為約莫同期，以後見之明可稱為全球化的移民潮之中，中國的華工赴美，促進美國西部的開發，尤其是參與美國太平洋鐵路的貢獻，雖然貢獻良多，卻在十九世紀受到美國社會的歧視、排斥，而中國也無能力保護這些遠走他鄉的華工權益；反觀德意志移民，從最初的殖民地時期，即因基本上與後來的美國白人血統、文化相近，快速融合於美國，而到了美國內戰前後，美國更是有計畫招募德意志移民，成為國家發展的動力之一，而德意志移民到美國發展，甚至能搖身一變，衣錦榮歸時成了美國來的有錢叔叔。儘管移民問題為兩國內政、外交造成了不悅的小插曲，但是在雙方顧及友好關係之大局下，《班克洛夫特條約》暫時解決了紛爭。

　　此外須注意的是，在此期間之美國與普魯士的友好關係，對中國已有不利的影響。第一件事情為1861年（咸豐11年）普魯士艾林波使團東來。美國不但在普魯士與日本、乃至中國談判建交過程中，都幫助普魯士，而且也幫助普魯士在中國取得不平等條約特權。至少，普魯士依照礮艦外交與中國簽訂的《大清國、大布路斯國暨德意志通商稅務公會並模令布爾額水林、模令布爾額錫特利子兩邦、律百克、伯磊門、昂布爾三漢謝城和好、貿易、船隻事宜和約章程》就是依據中美《望廈條約》簽訂的，普魯士卻沒放棄鴉片販售至中國的權利。第二件事情就是在德法戰爭期間，美國國務卿菲什卻建議正在歐洲交戰的普魯士與法國，各自所謂的中國艦隊應該合作，而非交戰。

如此則使得要解決與法國天津教案問題的中國，陷入不利的境地。

　　至於這個時期，論及對中國的影響力，普魯士與中國方才建交，勢力極微，美國卻有浦安臣在中國任特使，較有影響力。

　　（三）從德國成立至 1890 年代初期，美國與德國的雙邊關係開始有許多的磨擦。這個期間，由於雙方都在國家轉型成為工業大國的階段，也就因為利益與資源的問題，雙方開啓了商戰。但是美國在先天地理環境的優勢下，無論工業、農業都比德國發達，因此無論在保護關稅方面、原物料進出口方面、工業成品方面、農業產品方面，往往都能擊中德國的要害，因此德國儘管在 1879 年（光緒 5 年）祭出關稅法的手段，與美利堅巨人貿易大戰，但是隨著美國忍無可忍的情況下，在 1890 年（光緒 16 年）也通過了「肉品檢驗法」與「麥金萊關稅」，反擊德國的經濟制裁，終於迫使德國簽訂了「薩拉多加協定」，雙方商業關係暫時鬆弛。到了 1894 年（光緒 20 年），美國又出現了所謂的「威爾遜—高曼關稅法」的保護關稅，雙方商戰重燃，關係也就恆處於競爭狀態，進而似乎引發了國家關係在其他層面的惡化。這方面的關鍵人物是容克貴族出身的俾斯麥首相。這期間發生之美國公使薩根特因為用詞不當，導致俾斯麥要求美國將之召回的事件，卻令筆者想起，當 1895 年（光緒 21 年）德國駐日公使哥區米德揚言日本無法戰勝歐洲三強時，日本也不敢要求德國將他召回。可見國家的實力還是在許多國際場合決定事情的，而日本就只敢對積弱的中國氣頤指使。俾斯麥可能對經濟議題不是特別看重，著眼於維持美國的友好關係，本就不願發起保護關稅對抗美國，對於德國向美國流失的移民也只是消極限制，卻也幫助美國獲得更多優質的移民人口，擴大了雙方經濟上的差距。而他於 1890 年（光緒 16 年）去職後，繼任之德國內閣也想對美國採取較柔和的政策。

　　另一方面，在此之前已經暗潮洶湧，卻起源於 1870 年代的薩摩亞群島事件，也使得美德關係蒙上了陰影。德國俾斯麥政府想要正式擁有該群島，卻基於美德關係友好的前提，假定美國可以接受德國在薩摩亞的要求，殊不知美國由於深怕被歐洲列強拒於太平洋的門外，看待薩摩亞的重要性也就有增無減，當然不會同意，加上英國在薩摩亞群島因其國家利益，時而支持德國，時而支持美國，幾乎意外引發德國與英國、美國在薩摩亞戰爭，而一心仍願維持美國友誼之俾斯麥也就在 1889 年（光緒 15 年）同意了三國瓜分薩摩亞群島為保護領。此事為美國史上的大事，因為一方面顯現了美國帝國主義的

根源，一方面也顯示了美國在此時已經將薩島上升到了需要以武力捍衛的國家利益層次，這點則是俾斯麥政府意料之外，而且薩島也使得美國人對德國戒心大增，認爲這是德國將往美洲發展的先聲。

（四）從 1890 年代起，德國俾斯麥首相去職，德國進入了威廉二世全面掌權的時代。而就美國全球性外交脈絡下的意義而言，美、德既同爲十九世紀後期新興的工業強權，也皆在同時興起發展強大海軍的企圖，政經外交皆追求海外的擴張，在世界許多地方就有所遭遇。以實力做比較，美國在此時期的工業總產值幾近德國之 3 倍，而海軍艦隊之總噸數方面，兩國雖次於英、法，卻在伯仲之間。步出美洲之美國與跨出歐洲之德國，兩股勢力還在南太平洋的薩摩亞交鋒，外交折衝的結果，大抵上互有勝負。而雙方的商業戰爭，重燃戰火。總之，德國是歐洲列強中最與美國在世界各地競爭衝突者，蓋沙俄不會在美洲尋釁生事，而英國尋求與美國結盟之可能，法國也在美洲地區顯得溫和，西班牙在美洲的領土也是搖搖欲墜，斷不敢招惹美國，因此都跟美國在西半球並無衝突的風險，只有疏散移民至美國以外其他美洲國家的德國，她那種追求世界強權地位的企圖，以及雄厚的經濟實力，使得美國格外警戒。從 1890 年代起，在美國眼中，德國實在是最特殊之歐洲強國。

## 二、就兩國在中國之遭遇而言

（一）在中國方面，兩國各自也有深入的發展。德國建立乃至俾斯麥去職，中國在外交方面都是由李鴻章主持，而德國公使巴蘭德刻意培養的私人關係，照說本使得德國在中國可有巨大的影響力。尤其直接參與或間接參與的重大事件來看，包括了釐金問題、中俄伊犁危機、馬嘉理事件等等之外，特別重要的則是海軍建軍方面，李鴻章原本在 1880 年代初期大規模購置德國軍艦，建立北洋海軍；陸軍武備，也係以克虜伯火礮爲主，德國遂取代英國成爲中國最大武器供應國。除了德國軍工業得利之外，當然就是其對中國影響力的增加。但是由於德國在中法戰爭期間，不願得罪法國而拒絕交付中國已造好艦隻，顯然使得李鴻章失望，從 1880 年代中期中國就不再向德國積極購艦，但是巴蘭德的影響力一時還在。在美國方面，李鴻章也很喜歡利用美國人來制衡野心已顯的日本，在 1879 年（光緒 5 年）琉球事件，他試著利用美國卸任總統格蘭特來牽制日本人，不但目的未達，而且格蘭特個人的看法，也未必符合中國利益，而在朝鮮問題上，他又試圖用美國人來對抗日本的野

心，故在 1882 年（光緒 8 年）引進美國與朝鮮建交，但是美國卻不承認中國的宗主權，就這點而言，李鴻章是失敗的；而英、德與朝鮮建交，為了政治、商業利益，基本上卻承認中國宗主權，李鴻章又似乎有一定成功之處。從這些例子來看，這時期美國與德國在東亞、中國並非明的對抗，而是各自努力培養對中國的影響力。

在貿易方面，兩國可說都是急起直追，向在中國貿易獨大的英國看齊，從 1870 年（同治 9 年）起，兩國在華貿易也就互相在第 2 名、第 3 名之間爭奪，易言之，兩國因工業革命完成的國家轉型，也反應在中國市場的競爭。在基督教勢力影響力方面，美國早在 1840 年代起就在中國耕耘，因此美國教會的影響力，可說其來有自，而德國的天主教勢力原本 1880 年代歸於法國管轄，來中國傳教。從聖言會教士安治泰野心勃勃在山東發展開始，德國勢力在東省也就急起直追，尤其在 1890 年（光緒 16 年）聖言會改歸德國保護以後，從此山東就成多事之地。

在中國情勢方面，中日甲午戰爭引起了雙方的外交角力。原本在戰爭中，儘管美國官方嚴守中立，看似不偏袒任何一國，但是其追尋的外交政策卻在在使日本得利，而美國駐華公使田貝在奉美國政府命令出面斡旋時，則向總理衙門施壓，將李鴻章派往日本的求和使者、德籍顧問德璀琳召回，而德璀琳卻是德國前駐華公使巴蘭德與李鴻章聯絡的窗口。德璀琳代表中國議和是否有德國外交部正式的支持，目前已不可考，但是其動向還是受到德國外交部關注是可以肯定的。在他返回中國以後，仍然繼續擔任巴蘭德與李鴻章溝通的窗口，此事可能連後來擔任李鴻章馬關議和顧問的美國前國務卿科士達，都不知道。到了馬關和約割讓遼東半島的消息公諸於世之後，德國官方正式介入了俄、德、法三國干涉還遼的行列，至少中國得以贖回遼東半島。整個事件中，可以看出美國與德國在幕後角力的痕跡：對於德國而言，為了將俄國禍水東引，此事涉及到其生存利益；對於美國而言，此事主要是提升她對中國、乃至整個東亞的大國影響力。從這個角度而言，顯然美德雙方的利益已然往「零和遊戲」發展，可知在此時，雙方已經視對方為在中國發展勢力的對手。

（二）觀諸美德關係在美國對華「門戶開放」政策脈絡下的意義，德國復居於關係其成敗與否之樞要地位。在起因方面，由於德國在 1898 年（光緒 24 年）強租膠州灣之影響，促使美國一方面益發擔心德國向美洲擴展帝國主

義之可能，二方面則要尋思在中國的因應作為，因為美國也擔心，在德國這個歐洲強國在中國也有勢力範圍之後，列強中就只有美國在華無勢力範圍，因此她的做法就是一方面不停與德國交涉美國在山東的商業權益問題，另一方面也在 1898 年（光緒 24 年）4 月發動美西戰爭，目的之一就是要在菲律賓取得前進中國的基地。而美國最積極的作為就是在 1899 年（光緒 25 年）提出第一次「門戶開放」政策，作為德國佔領膠州灣之後的回應政策。因此吾人可說是膠州灣事件促進了海約翰的「門戶開放」。

海約翰此政策有一特色，亦即必須聯合次要敵人打擊主要敵人，故一旦「門戶開放」政策主要針對沙俄提出時，至少美、英、日圍堵沙俄的態勢於焉成形，而彼等之間又各有在中國利益衝突的矛盾。其中，英、日與俄不睦，較易由美國掌握。惟獨德國除了之前所述原因之外，又常常衡量歐洲局勢，與俄修好，反映到中國局勢方面，往往勾結俄國侵略中國，強租中國港灣正是此種傾向的反映，揭開瓜分序幕。因此，遊走在美、英、日與沙俄、法國之間的德國，伺機隨時漁利，卻也幸虧這種在華投機外交的本質，終究未與沙俄組成堅固的同盟，否則門戶開放政策必定破局，中國局勢不堪設想。而海約翰國務卿先利用德國的答覆，迫使沙俄也勉強提出同意其照會的答覆，也就使得「門戶開放」政策居於列強薄弱勢力均衡的前提下，被他渲染成列強達成共識的默契。此時美德的表面合作，可說是共同利益的結果。

（三）1899 年（光緒 25 年）的中國局勢，又引起了美德關係的轉折。此時，德國之特殊性又在於其在山東的暴行，引發美國護僑的複雜問題，美國一者需靠德國保護僑民；二者又要不斷以種種手法提醒德國不要超越其本分，也就是阻止其擴大山東的「勢力範圍」；三者若自身採用強硬護僑措施，恐又損及其對華友善的形象，反不利「門戶開放」政策的推行。因此，德國既是美國對華政策的重要因素，卻也是最難駕馭的變數。

到了 1900 年（光緒 26 年）前期，庚子之亂正式爆發時，美國擔心其他列強會正式瓜分中國。尤其德國公使克林德被戕消息傳開後，舉世都在關注德皇威廉二世的後續作為，不論威廉二世再怎麼憤怒，德國內部精心評估之後，也認為德國無能力瓜分中國，不如推行「門戶開放」政策，阻止其他列強瓜分中國。而海約翰國務卿在 7 月 2 日提出之第二次「門戶開放」政策，德國並未如海約翰預期反對，因此整個「門戶開放」政策最關鍵的一顆棋子，出乎意料又落在其應有的位置上，也就再次表象確認了海卿的主張。

　　只是德國利用「門戶開放」政策，鼓動英國在 1900 年（光緒 26 年）10 月簽訂之《英德協定》卻是對美國政策的挑戰。一方面，它固然再進一步深化了「門戶開放」的內涵，使得沙俄暫時不敢吞併滿州；另一方面，《英德協定》還是保留了英、德兩國必要時也參加瓜分中國的「權利」，從而也就否定了「門戶開放」的精神。尤其是德國與英國的秘密談判，使得照說是美國最信賴之國家也不可信，對美國也是一個打擊。果不期然，德國就成了美國在華政策成功與否最關鍵的國家，若她加入美國這邊時，一切就風平浪靜，若她企圖脫離時，連美國最信任之國家也會隨之而去，可見其關鍵性。只是後來中國局勢的發展，使得德國沒有選擇脫離「門戶開放」體系，並未傷及美國政策。

　　至於雙方在庚子事變後，對中國賠償金額差距的爭執，凸顯兩者在華政策本質上的差異，蓋美國想突顯其對中國的善意，而在最後的《辛丑議定書》，美國一樣是獲得了巨額的賠款。

　　（四）綜合上述，筆者最後的結論是在 1900 年（光緒 26 年）的中國，從美德關係在庚子事變試煉下的歷史意義來看，庚子事變使美國在華外交面臨了嚴峻的考驗，卻也成長。蓋美德關係雖然在全球脈絡下，摩擦日多，但是雙方在其他方面的對立，基本上還是由兩國以外交方式和平解決，並未釀成真正的戰爭，而在庚子事變中，也雖然兩國立場看似對立面大於合作面，但是因為德國無力負擔瓜分中國的代價，她還是選擇了「門戶開放」體系。因此在美、英、日關係益發緊密，隱然對抗沙俄的同時（美國在此的角色主要是經濟援助日本，而非正式結盟），德國在表面上還是在見機行事，但是畢竟沒有正式加入沙俄、法國的陣營，因此沙俄一時佔領滿洲，大有獨吞之勢，卻沒有德國實質的奧援，故美、英、日集團仍能以「門戶開放」精神，對沙俄有一定箝制作用。此種情況有助於庚子事變之後，列強瓜分中國緊張局面的消失。即使其後日本與俄國的日俄戰爭，還是受到德國在「門戶開放」政策角色的影響，俄國註定失敗。至於日俄戰爭以後，日本與俄國反倒相互勾結，拒絕美國勢力進入滿洲，則是美國意想不到的發展。

　　此外，歷史上很少國家能像美國一樣，在 1900 年（光緒 26 年）、1901 年（光緒 27 年）的中國，需要面對這麼多與她本身沒有地緣關係的列強，在外交交涉的過程中，一旦美國能藉由外交手法，在一定程度上駕馭最難纏的德、俄兩個歐陸大國，是一個很寶貴的成長經驗。故就此脈絡而言，這時期美國的庚子事變經驗，意義非凡。

# 附件一：「田貝計劃」

（一）戰爭期間，代理友好交戰國的領事，均應享有該交戰國和平時期享有的所有司法特權。

（二）中國應比照西方國家開放，使外國人居住。

（三）無論是否實行前述第二條，需准許傳教士自由旅行、居住、購買田產、並且獲得保護。

（四）外國貨物在未販售之前，除進口稅以外，一概不得課以任何稅。現行貨物登陸立刻交稅之法，必須停止。

（五）任何歧視外國貨品的內地稅或者釐金，不許徵收。課稅不得帶有禁止性質，任何情況均不得超過百分之二。中國貨品沒有徵收內地稅者，同類外國貨品也不可以徵收。

（六）地方當局無權規定，該地船隻轉運的貨品可較外國船隻轉運的貨品課稅為低。出口稅必須平等。

（七）任何遠洋船隻經常停泊與使用的中國港口，均應向全世界開放。

（八）由長江下運並且準備出口的貨物，應課徵百分二點五再進口的半稅，不用現金繳納，可改用期票。如該貨物在一定期限內仍未出口，則應繳納再進口半稅。

（九）為了免去商業團體的非必要開銷，取消退還稅款辦法，改以期票支付再進口稅。

（十）修改或廢除長江航運管理規則。貨物如果全部從甲地運到乙地，毋用繳納關稅押金。現行管理規則極不合理。

（十一）私有快艇與非商用船隻，可以上溯長江而行，並且毋用在清江繳納關稅。

（十二） 無論何種情況，一省當局無權徵收外國貨品稅款。只有中央政府命令得以規定此項稅款。

（十三） 機器可以進口。

（十四） 外國人可以依照當地中國人的同等條件，在華經營製造業。

（十五） 侵犯外國人的咒罵、褻瀆刊物，須嚴厲取締。

（十六） 須採取嚴厲措施以預防排外暴動。如有類似事情發生，必須懲罰肇事者，也必須賠償所受傷害。

（十七） 中國各個地方均應開放對外貿易。本條款特別適用於北京以及任何其他省府。

（十八） 總督、巡撫、一省當局，除了滿足外國人受傷而要求之賠償問題以外，一般不得處理國際事務。其他一切關於外國人之問題，應在京城由中央政府解決。

（十九） 總督、巡撫無權與外國人訂立購買或供應材料的契約。一切這類契約應由中華帝國中央政府辦理或授權而爲之。

## Suggestions of Desired Reforms

**1st.** During war Consuls of a friendly power acting for a belligerent to have all the jurisdiction that his Consul had during peace.

**2nd.** China to be open to foreign residence as Western countries are.

**3rd.** Whether article 2 be adopted or not, missionaries to go where they please, and to reside and buy land and be protected.

**4th.** Foreign goods to be subject to no taxation, except import duty, until they reach the consumer. They are not to be taxed as is now done as soon as they are landed.

**5th.** No internal revenue, or likin tax, to be levied on foreign goods which discriminates against them. No such tax to be prohibitory nor in any event to exceed 2%, and no internal revenue tax to be levied on foreign goods unless a similar tax is levied native goods of the same character.

**6th.** Local authorities shall have no power to provide that freight shipped in native bottoms shall pay less duty than freight shipped in foreign bottoms. The export tax should be uniform.

7<sup>th</sup>. Every port in China ordinarily used and frequented by seagoing ships shall be open to all the world.

8<sup>th</sup>. The coast-wise duty of 21 / 2% on good sent down the Yangtze and intended to be sent abroad shall not paid in specie, but a bond shall be taken that if the goods are not exported in a certain time the coast-wise duty shall be paid.

9<sup>th</sup>. Drawbacks are abolished and bonds are substituted for the payment of coast-wise duties in order to relieve the commercial community from a useless expenditure.

10<sup>th</sup>. The Yangtze regulations to be amended or abolished. No bonds to be required that goods shipped from one point shall be delivered in toto at another. The existing regulation is entirely absurd.

11<sup>th</sup>. Private yachts, non-commercial ships, may ascend the Yangtze without taking out clearance at Chinkiang.

12<sup>th</sup>. Provincial authorities shall have no power to tax foreign goods for any purpose whatever. Such taxation shall be ordered by the Central Government only.

13<sup>th</sup>. Machinery may be imported.

14<sup>th</sup>. Foreigners may engage in manufacturing in China on the same terms as natives.

15<sup>th</sup>. Libellous and scandalous publications affecting foreigners shall be vigorously suppressed.

16<sup>th</sup>. Stringent measures shall be taken to prevent anti-foreign riots, and if any such occur the rioters shall be condignly punished, and besides damages shall be paid.

17<sup>th</sup>. All parts of China shall be open to foreign trade. This shall particularly apply to Peking or any other capital.

18<sup>th</sup>. The Viceroys, Governors, and the Provincial authorities generally, shall be prohibited to treat international matters, except to settle claims for injuries done to foreigners. All other questions affecting foreigners shall be cognizable at the capital and by the Central Government only.

19<sup>th</sup>. No Viceroy or Governor shall have the power to make any contract with foreigners for the purchase or supply of any material. All such contracts shall be made or authorized by the Imperial or Central Government.

資料來源：George N. Steiger, *China and the Occident: The Origin and Development of the Boxer Movement* (New Haven: Yale University Press; London: H. Milford, Oxford University Press, 1927), pp. 50～2.

# 附件二：山東美國長老教會抱怨德國人行爲的信

　　我們是美國長老教會在曲阜的教會人員，感到因爲德國人在探勘礦藏之路途與鋪設鐵路的活動，已經危及到了美國教士及他們家屬的生命與財產，因爲本地人嚴峻反對任何這樣的活動，而他們對於外國人的國籍爲何也不會區分。

　　茲列舉若干事件爲證：去年初，因爲一小隊德國人在從海邊去沂州府的途中被攻擊，一隊德國士兵就登陸懲罰這些亂民。這件事發生在沂州府二十五哩之內的地方，對於傳教士家庭有極大的危害。我們明白對於他們沒有足夠的保護，雖然德國人理當爲了這個目的而下令。我們明白當我們的人跟該隊德軍指揮官溝通，要求保護時，卻被告之可在有需要時到他那去。這樣的保護根本沒有用！又在去年春天當本教會資深教士郭顯德（Dr. Hunter Corbett，1835～1920）在德國管轄下之即墨傳教佈道時，由於當地德軍與一個中國暴民發生衝突並殺死三名華人，結果被害人的親友四處找可以報復的外國人，郭顯德就險遭不測；去年秋天，在泰安府市附近，一名德國礦藏探勘人員與兩名同夥和手推車的華工起了衝突，當地人宣稱他們殺害了其中一位華工，就跟著德國人到泰安府，在泰安市四處動亂，也就危及了住在該市的美國教士的性命。而這些德國人正是借住在其中一些教士家。其後英國牧師卜克斯（S. M. Brooke，?～1899）就在該區被殘酷的謀殺；就在最近，一些德國採礦的工程師在濰縣十五哩之內被一群暴徒攻擊，殺害三人並傷害許多人之後，他們在被追至濰縣七哩以內的地方，他們才逃到美國教士的住宅。

　　我們以爲我們在內地的朋友因爲人道的要求，並且在環境允許下盡其所能而收容這些德國人，做得很對，但是另一方面我們也認爲，德國人應當記住，他們這樣的行爲，是將美國公民及其家人置於險境，而且因爲美國人的女眷和孩童，又不像德國人在有危險時有武裝又無束縛，可以輕易逃生。

　　有鑑於這種情形，我們身爲美國公民，很恭敬的要求美國政府，讓德國政府注意到事情的狀態，並要求其訓令德國在山東的代表不要無謂置美國公民於險境，如果美國人直接或間接因他們而受累，他們就要給予美國人適當的保護。

　　我們感到這是完全合乎公義，尤其鑒於四十年來，美國教士依照條約在山東省進行傳教事業，又相對很少遇到干擾，但是自從德國人進入山東省，我們的生命、財產、工作或多或少都被危害到，所以德國政府應該看到，不管是由當地政府或他們，我們應該受到保護。

資料來源：Mr. Corbett and others to Mr. Fowler, Feb. 14 1900, *FRUS 1900*, pp. 101～2.

備註：卜克斯被殺即是「肥城教案」，在山東巡撫袁世凱迅速懲凶並且滿足了英國人要求之一切賠償之後，沒有鬧成重大國際事件，和平落幕。

# 附件三：《紐約時報》關於德國向美國 貸款 8 千萬馬克的報導

（該報導於 1900 年 9 月 20 日自柏林發出，9 月 30 日刊登）

## THE RECENT GERMAN LOAN

Alarm Felt in the Empire over the Necessity of Coming Here for Money

Foreign Correspondence　New York Times

Berlin, September 20.—Germany's recourse to the American money market for the sinews of war necessary to prosecute the China expedition is exciting the greatest interest and not a little criticism.

Since the foundation of the empire, the Imperial Government has never before been driven to such a measure. Neither has Prussia had to resort to foreign markets since the loans of 1814 and 1819, concluded with the London Rothschilds. True, German imperial bonds and Prussian rentes have constantly found favor with foreign holders of State securities, especially in Great Britain and Holland. The face value printed on scrip of the war loans of 1870 and 1871 was given in pounds sterling as well as in thalers. But the placing of a whole loan in a foreign market in unprecedented in the history of the empire.

The fact that it is to America Germany must now turn for gold is the cause of considerable apprehension in certain quarters. It is recalled that formerly United States securities were held in large amounts in Germany, particularly during the civil war, whereas America has never until to-day loaned money to the German

Government. Those who regard the innovation as a symptom of grave political and economic danger find no solace in the consideration that Germany is only imitating the example of Great Britain, Russia, and Sweden.

The adoption of Treasury bonds as scrip has enabled the Government to borrow American gold without first obtaining the Reichstag's consent, which would be necessary for an issue of consols. The Imperial Chancellor is authorized to pledge the resources of the empire up to a certain figure for current expenses of the army, navy, and railway departments.

The eighty millions of marks now borrowed are required to pay the expensed incurred by the Emperor's military and naval action against China. This is the chief reason for the unfavorable reception the news of the loan has encountered in political circles. Heedless of the objections of the press, the Emperor persisted in pushing forward his China policy without consulting the Reichstag in a short special session and （if report speaks true）in face of the advice of Count von Bülow. Now the surplus in the Treasury is exhausted, and urgent bills must be met at a moment when the home market is extremely short of cash.

It is generally admitted that if the Government had borrowed these eighty millions at home and the imperial loan certificates and Prussian consols would have fallen to an alarming extent. Hence the opposition press is making use of the occasion to denounce the Weltpolitik of the Emperor, while other papers are attacking the Boers and blaming speculators for the present financial helplessness of Germany.

The maze of contradictory comment can scarcely be unraveled in the limits of a brief letter. The principal point is the practically unanimous admission that the money was not obtainable at home under satisfactory conditions and without hastening the financial catastrophe which experts believe is inevitably approaching. Eighteen months ago, when the empire issued scrip for a 3 per cent loan of 75,000,000 marks, and 125,000,000 of 3 per cent Prussian consols were offered at 92, over 450,000,000 were subscribed in Germany alone, although the movement in industrials was far greater than at present. These securities are quoted to-day at 85 7～10 and the 31/2s are at 931/2. Even these prices require to be bolstered by

Government aid. Financial authorities consider that, shameful though may be of Germany going begging abroad for a sum relatively so insignificant as 80,000,000 marks, the Government is nevertheless driving a good bargain in getting approximately par value for its 4 per cent Treasury bonds.

Eugen Richter makes the loan a text to score the policy pursued during the past decade. The scarcity of money is due, he thinks, chiefly to the great increase of military and naval expenditure during a period when the savings of the nation were needed for the transformation in industries due to the application of electricity, and when municipal loans were being raised to meet the enormous outlay made during recent years for commercial purposes. The new measures restrictive of Stock Exchange operations have further tightened the money market.

Herr Richter condemns the bill for the increase of the army, the naval bills of 1898 and 1900, the purchase of the Caroline Islands, the outlay in Kiao-Chow, and the exaggerated proportions of the China expedition. He declares that the 80,000,000 now borrowed is far from sufficient to meet the requirements for the present financial year, and complains that the Weltpolitik has multiplied the imperial debt threefold since the death of William I.

On Tuesday, at the Socialist assembly at Mayence, the borrowing of the money from "the Yankees" was violently denounced. According to the opponents of the Emperor's Weltpolitik, the surprise expressed by the general public at the loan is evidence that the average German had remained unconscious of the ferocious manner in which the vampire of militarism is sapping the forces of Germany to-day. It is generally felt that the prestige accrues to America through her dislodgement of England from the position of "the world's banker" emphasizes the fact that, compared with the giant strides of America. Germany's progress of late years has been but small. It is now a question here how far Germany has been hampered in the race by the cost of her armaments. The Opposition will certainly make the most of the opportunity to clamor for a reduction of military expenditure. Possibly the circumstance that both Great Britain and Germany have been compelled to resort to America for cash for military enterprises may do more to bring about a reduction of European Armies than a dozen Hague Peace Conferences.

# 參考文獻

## 一、原始史料

### （一）官方檔案類

**A、美國檔案**

1. U.S. Dept. of State, *Papers Relating to the Foreign Relations of the United States*. Washington: Government Printing Office, 1861～1902.

**B、德國檔案**

1. *Die Grosse Politik der Europäischen Kabinette, 1871～1914*. Berlin, 1922～1927.

2. 孫瑞芹譯，《德國外交檔有關中國交涉史料選譯》，北京：商務印書館，1960 年。

3. 路遙主編，《義和團運動文獻匯編》德譯文，濟南：山東大學出版社，2012 年。

**C、中國檔案**

1. 王彥威、王亮編，《清季外交史料》，臺北：文海，1964 年。

2. 王鐵崖，《中外舊約章彙編》，北京：三聯書店，1982 年。

3. 中央研究院近代史研究所編，《海防檔》，臺北：中央研究院 近代史研究所，1957 年。

4. 《中國近代對外關係史資料選輯》，上海：上海人民出版社，1977 年。

5. 中國第一歷史檔案館編輯部編，《義和團檔案史料續編》，北京：中華書局，1990 年。

6. 北京大學歷史系中國近代史教研室編，《義和團運動史料叢編》，北京：中華書局，1964 年。

7. 朱壽朋，《光緒朝東華錄》，北京：中華書局，1958 年。

8. 故宮博物院明清檔案部編，《義和團檔案史料》，北京：中華出版：新華發行，1959 年。

9. 《教務教案檔》，臺北：中央研究院近代史研究所，1994 年。

10. 楊家駱主編，《義和團文獻彙編》，臺北：鼎文，1973 年。

11. 賈楨等纂，《咸豐朝籌辦夷務始末》，北京：中華書局，1979 年。

12. 寶鋆等纂，《同治朝籌辦夷務始末》，北京：中華書局，2008 年。

D、英國檔案

1. Bounme, Kenneth and D. Cameron Watt (eds), British Documents on Foreign Affairs. Washington: University Publications of America, 1989.

E、日本檔案

1. 戚其章主編，《中日甲午戰爭》，北京：中華書局，1994 年。

2. 路遙主編，《義和團運動文獻匯編》《日本外交文書》，濟南：山東大學出版社，2012 年。

F、俄國檔案

1. 張蓉初譯，《紅檔雜誌有關中國交涉史料選譯》，北京：三聯書店，1957 年。

（二）報紙

1. *The Chicago Daily Tribune.*

2. *The London Times.*

3. *The Los Angeles Times.*

4. *The New York Times.*

5. The North China Daily News. （《字林西報》）

6. http://zefys.staatsbibliothek-berlin.de （德國柏林國家圖書館數位化報紙）

（三）當代重要歷史人物文件、回憶錄等

A、美國人物

1. Foster, John Watson, *Diplomatic Memoirs*. London: Constable, 1910.

B、德國人物

1. Brandt, Max, *Drei Jahre Ostasiatischer Politik, 1894～1897: Beiträge zur Geschichte des Chinesisch-Japanischen Krieges und seiner Folgen*. Stuttgart: Strecker & Moser, 1897.

2. Bülow, Bernhard, *Prince von Bülow Memoirs*. London: Putnam, 1931～1932.

3. Holstein, Friendrich, *Die Geheimen Papiere Friedrich von Holsteins.* Berlin: Musterschmidt-Verlag, 1956.

4. Wilhelm II ; tr. by Thomas R. Ybarra, *The Kaiser's Memoirs.* New York: Harper & Brothers, 1922.

5. 瓦德西（Alfred Heinrich Karl Budwig Waldersee）原著；譯者不詳,《瓦德西拳亂筆記》,臺北：大西洋出版社,1970 年。

C、中國人物

1. 李鴻章著；吳汝綸編,《李文忠公全集》,台北：文海出版社,1979 年。

2. 《張文襄公電稿》,廣州：廣東人民出版社,2010 年。

3. 顧廷龍、葉亞廉主編,《李鴻章全集》,上海：上海人民出版社,1985～1987 年。

E、俄國人物

1. Vitte, S. IU., tr. by Sidney Harcave, *The Memoirs of Count Witte.* Armonk: M.E. Sharpe, 1990.

F、日本人物

1. 陸奧宗光著；陳鵬仁譯,《甲午戰爭外交秘錄》,臺北：海峽學術出版社,2005 年。

## 二、專著及論文

### （一）中文專書

1. 王芸生輯,《六十年來中國與日本》,上海：上海書店,1991 年。

2. 王曾才,《英國對華外交與門戶開放政策》,臺北：中國學術著作獎助委員會,1967 年。

3. 王爾敏,《清季兵工業的興起》,臺北：中央研究院近代史研究所,1978 年。

4. 王樹槐,《庚子賠款》,臺北：中央研究院近代史研究所,1985 年。

5. 弘治、張鑫典、孫大超編著,《甲午戰爭 110 年祭》,北京：華文出版,2004 年。

6. 米慶餘,《日本近代外交史》,北京：新華書店,1988 年。

7. 米慶餘,《日本近現代外交史》,北京：世界知識出版社,2010 年。

8. 安作璋主編,《山東通史》,濟南：山東人民出版社,1995 年。

9. 牟安世著,《義和團抵抗列強瓜分史》,北京：經濟管理出版社,1997 年。

10. 臼井勝美著；陳鵬仁譯,《近代日本外交與中國》,臺北：水牛出版社,1989 年。

11. 李工眞,《德意志道路：現代化進程研究》,武漢：武漢大學出版社,2005年。

12. 李本京,《七十年中美外交關係》,臺北：黎明,1988年。

13. 李本京,《美國外交政策研究》,臺北：正中,1988年。

14. 李守孔,《李鴻章傳》,臺北：臺灣學生書局,1985年。

15. 李定一,《中美早期外交史：（一七八四至一八九四）》,臺北：傳記文學出版社,1978年。

16. 李祥麟著,《門戶開放與中國》,上海：商務印書館,1937年。

17. 李劍農,《中國近百年政治史》,臺北：商務印書館,1998年。

18. 李德征,《義和團運動史》,北京：人民出版社,1981年。

19. 李鳳飛,《八國聯軍侵華實錄》,天津：天津社會科學院出版社,2012年。

20. 杜繼東,《中德關係史話》,北京：社會科學文獻出版社,2000年。

21. 阿爾布利希利特（Rene Albrecht-Carri）著；鄒文海、董修民譯,《西洋外交史》,臺北：正中,1967年。

22. 吳翎君著,《美孚石油公司在中國,1870～1933》,臺北：稻鄉出版社,2001年。

23. 呂浦、張振鵾等編譯,《黃禍論歷史資料選輯》,北京：新華書屋,1979年。

24. 呂實強,《中國官紳反教的原因,1860～1874》,臺北：中央研究院近代史研究所,1966年。

25. 余文堂,《中德早期貿易關係》,臺北：稻禾出版社,1995年。

26. 余文堂,《中德早期關係史論文集》,臺北：稻鄉出版社,2007年。

27. 林子候,《甲午戰爭前夕中日韓三國之動向》,嘉義：大人物,2001年。

28. 林世明,《義和團事變期間東南互保運動之研究》,臺北：商務印書館,2000年。

29. 林明德,《袁世凱與朝鮮》,臺北：中央研究院近代史研究所,1984年。

30. 林明德,《近代中日關係史》,臺北：三民書局,1994年。

31. 林偉功,《日藏甲午戰爭秘錄》,北京：中華書局,2008年。

32. 明驥,《中俄關係史》,臺北：三民書局,2006年。

33. 周惠民,《德國租借膠州灣研究》,臺北：國立台灣大學歷史學研究所,1979年。

34. 周惠民,《德國史：中歐強權的起伏》,臺北：三民書局,2003年。

35. 周鯁生,《近代歐洲政治史》,武昌：武漢大學出版社,2007年。

36. 施丟克爾著；喬松譯,《十九世紀的德國與中國》,北京：三聯書店,1963年。

37. 胡秋原，《近百年來中外關係》，臺北：海峽學術，2004 年。

38. 相藍欣，《義和團戰爭的起源》，上海：華東大學出版社，2003 年。

39. 信夫清三郎；天津社會科學院日本問題研究所譯，《日本外交史》，北京：商務印書館，1992 年。

40. 珠海市委宣傳部編，《容閎與留美幼童研究》，珠海：珠海出版社，2006 年。

41. 陶文釗，《中美關係史話》，北京：社會科學文獻出版社，2000 年。

42. 陳志奇，《中國近代外交史》，臺北：南天書局，1993 年。

43. 陳鵬仁，《從甲午戰爭到中日戰爭》，新店：國史館，1997 年。

44. 梁伯華，《近代中國外交的巨變：外交制度與中外關係變化的研究》，香港：商務印書館，1990 年。

45. 郭廷以著，《近代中國史綱》，臺北：曉園出版社，1994 年。

46. 張玉法，《中國現代化的區域研究：山東省（1860～1961）》，臺北：中央研究院近代史研究所，1987 年。

47. 張寄謙主編，《中德關係史研究論集》，北京：北京大學出版社，2011 年。

48. 張禮恆，《伍廷芳的外交生涯》，北京：團結出版社，2011 年。

49. 戚其章主編，《中日戰爭》，北京：中華書局，1989 年。

50. 崔光弼編撰，《與列強開戰：大清帝國的最後一搏》，天津：天津教育出版社，2005 年）

51. 曾友豪，《中國外交史》，臺北：文海，1975 年。

52. 黃正銘，《中國外交史》，臺北：正中，1959 年。

53. 黃鳳志，《中國外交史，1840～1949》，長春：吉林大學出版社，2005 年。

54. 傅啓學，《中國外交史》，臺北：商務印書館，1979 年。

55. 福森科（A. A.Fursenko）著；楊詩浩譯，《瓜分中國的鬥爭和美國的門戶開放政策，1895～1900》，北京：三聯書店，1958 年。

56. 楊公素，《晚清外交史》，北京：北京大學出版社，1991 年。

57. 楊家駱，《新校本元史并附編兩種識語》，臺北：鼎文，1979 年。

58. 趙佳楹，《中國近代外交史，1840～1919》，太原：山西高校聯合出版社，1994 年。

59. 赫德（Robert Hart）著；葉鳳美譯，《這些從秦國來：中國問題論集》，天津：天津古籍出版社，2004 年。

60. 瑪麗・富布盧克（Mary Fulbrook）著；王軍瑋、萬芳譯，《劍橋德國簡史》，新店：左岸文化，2005 年。

61. 鄭樑生，《中日關係史》，臺北：五南出版社，2002 年。

62. 樊百川，《清季的洋務新政》，上海：上海書店出版社，2003 年。

63. 蔣廷黻編，《近代中國外交史資料輯要》，臺北：臺灣商務印書館，1958～1959 年。

64. 蔡東杰，《中國外交史》，新北：風雲論壇，2000 年。

65. 蔡東杰，《李鴻章與清季中國外交》，臺北：文津，2001 年。

66. 蔡東杰，《中國外交史新論》，新北：風雲論壇，2012 年。

67. 劉彥著；李方晨增訂，《中國外交史》，臺北：三民書局，1979 年。

68. 劉會軍，《近代以來中外關係與中國現代化》，長春：吉林大學出版社，2006 年。

69. 謝世誠，《李鴻章評傳》，南京：南京大學出版社，2006 年。

70. 羅惇曧，《中日兵事本末》，北京：北京古籍出版社，1999 年。

71. 蘇位智、劉天路主編，《義和團研究一百年》，濟南：齊魯書社，2000 年。

## （二）中文圖書論文及期刊論文

1. 丁名楠，〈德國與義和團運動〉，《近代史研究》，60，1990 年 6 月，頁 71～82。

2. 孔祥吉，〈德國檔案中有關義和團的新鮮史料〉，《近代中國》，141，2001 年 10 月，頁 17～23。

3. 米琪（M. Michael），〈義和團運動時期德國對華派遣遠征軍的原因〉，張寄謙主編，《中德關係史研究論集》，北京：北京大學出版社，2011 年，頁 45～62。

4. 金基赫，〈李鴻章對日本和朝鮮政策的目的，1870～1882 年〉，劉廣京、朱昌峻編，陳絳譯校，《李鴻章評傳：中國近代化的起始》，上海：上海古籍出版社，1995 年，頁 177～197。

5. 周惠民，〈自帝國主義成因看 1890 年前後德國東亞政策之轉變〉，《國立政治大學歷報史學》，8，1991 年 1 月，頁 85～100。

6. 孫克復，〈三國干涉還遼與國際外交〉，夏良才，《近代中國對外關係》，成都：四川人民出版社，1985 年，頁 153～166。

7. 徐緒典，〈教會、教民和民教衝突——山東義和團運動爆發原因初探〉，義和團運動史研究會編，《義和團運動史論文選》，北京：中華書局，1984 年，頁 249～264。

8. 張海鵬，〈試論辛丑議和中有關國際法的幾個問題〉，《近代史研究》，60，1990 年 6 月，頁 83～102。

9. 張暢、劉悅，〈漢納根與德璀琳——兩位並肩在華奮鬥的德國僑民〉，《傳記文學》，總 588 號，2011 年 5 月，頁 4～18。

10. 喬明順,〈1840 年以前中美關係述略〉,中美關係史叢書編輯會、復旦大學歷史系編,《中美關係史論文集》,重慶:重慶出版社,1988 年,頁 1～18。

11. 虞和芳,《中德關係的歷史研究:18～19 世紀中國與德國經貿暨外交關係》,《歐洲國際評論》,第八期,2012 年 8,頁 125～157。

## (三)西文專書

1. Bae, Kichan, tr. by Kim Jin, *Korea at the Crossroads: The History and Future of East Asia*. Seoul: Happy Reading Books, 2007.

2. Bailey, Thomas A., *American Faces Russia*. Ithaca: Cornell University Press, 1950.

3. Bailey, Thomas A., *A Diplomatic History of the American People*. New York: Appleton-Century-Crofts, 1964.

4. Bealey, Howard K., *Theodore Roosevelt and the Rise of America to World Power. Baltimore*: The John Hopkins University Press, 1956.

5. Bemis, Flagg Samuel, *A Diplomatic History of the United States*. NY: Holt, Rinehart and Winston, 1965.

6. Bemis, Flagg Samuel, (ed.), *The American Secretaries of State and Their Diplomacy* NY: Pageant Book Co., 1958.

7. Beresford, Charles, *The Break-Up of China*. New York: Harper & Brothers, 1899.

8. Beaveridge, Albert J., *The Russian Advance*. New York: Harper & Brothers, 1903.

9. Bland, J. O. P. Li *Hung-Chamg*. London: Constable & Company Ltd., 1917.

10. Boch, Rudolf, *Staat und Wirtschaft im 19. Jahrhundert*. Müchen: R. Oldenbourg, 2004.

11. Braisted, William Reynolds, *The United States Navy in the Pacific, 1897～1909*. Austin : University of Texas Press, 1958.

12. Brandenburg, Erich, tr. by Annie Elizabeth Adams, *From Bismarck to the World War, 1870～1914*. London: Oxford University Press, 1927.

13. Campbell, Charles S., *Special Business Interests and the Open Door Policy*. Hamden:   Archon Books, 1968.

14. Chien, Feredirick Foo, *The Opening of Korea: A Study of Chinese Diplomacy, 1876～1885*. Hamden: The Shoe String Press, 1967.

15. Clark, Christopher M., *Kaiser Wilhelm II*. Harlow: Person Education, 2000.

16. Clyde, Paul H., *The Far East: A History of the Impact of the West on Eastern Asia*. New York: Prentice-Hall Inc., 1948.

17. Cohen, Warren I., *America's Response to China: A History of Sino-American Relations*. New York: Columbia University Press, 2010.

18. Conrad, Sebastian; tr. by Sorcha O'Hagan, *German Colonialism: A Short History*. Cambridge: Cambridge University Press, 2012.

19. Clark, Christopher, *Kaiser Wilhelm II*. Essex: Pearson Education Ltd, 2000.

20. Denby, Charles, *China and Her People: Being the Observations, Reminiscences, and Conclusions of an American Diplomat*. Boston : L. C. Page, 1906.

21. Dennett, Tyler, *John Hay: From Poetry to Politics*. New York: Dodd, Mead & Company, 1933.

22. Dennett, Tyler, *Americans in Eastern Asia*. NY: Barnes and Noble, Inc., 1941.

23. Dix, C. C., *The World's Navies in the Boxer Rebellion*. London: Digby, Long & Co., 1905.

24. Doerries, Reinhard R., *Imperial Challenge*. Chapel Hill: The University of North Carolina Press, 1989.

25. Dorwart, Jeffery M., *The Pigtail War: American Involvement in the Sino-Japanese War of 1894～1895*. Amherst, Mass.: University of Massachusetts Press, 1975.

26. Esherick, Joseph W. *The Origins of the Boxer Uprising*. Berkeley: University of California Press, 1987.

27. Esthus, Raymond A., *Theodore Roosevelt and the International Rivalries*. Waltham: Ginn-Blaisdell, 1970.

28. Feng, Djen Djang, *The Diplomatic Relations between China and Germany since 1898*. Shanghai: Commercial Press, 1936.

29. Fleming, Peter, *The Siege at Peking*. Oxford: Oxford University Press, 1983.

30. Foster, John Watson, *American Diplomacy in the Orient*. Boston;New York: Houghton, Mifflin and Company, 1903.

31. Gatzke, Hans W., *Germany and the United States, A "Special Relationship?"*. Cambridge: Harvard University Press, 1980.

32. Gottschall, Terrell Dean, *Germany and the Spanish-American War: A Case Study of Navalism and Imperialism, 1898*. Ann Arbor: University Microfilms International, 1981.

33. Graig, Gordon A., *Germany, 1866～1945*. Oxford: Oxford University Press, 1978.

34. Griswold, A. Whitney, *The Far Eastern Policy of the United States*. New Haven: Yale University Press, 1966.

35. Guettel, Jens-Uwe, *German Expansionism, Imperial Liberalism and the United States, 1776～1945*. Cambridge: Cambridge University Press, 2012.

36. Henson, Jr., Curtis T., *Commissioners and Commodores: The East India Squadron and American Diplomacy in China*. Tuscaloosa: University of Alabama Press, 1982.

37. Henderson, W. O., *The Industrial Revolution on the Continent: Germany, France, Russia, 1800～1914*. London: Routledge, 2006.

38. Hildebrand, Klaus, *Deutsche Aussenpolitik, 1871～1918*. München: Oldenbourg, 1994.

39. Hilderband, Klaus, *Das Vergangene Reich*. Stuttgart: Deutsche Verlags-Anstalt, 1996.

40. Hillgruber, Andreas, *Deutsche Grossmacht- und Weltpolitik im 19. und 20. Jahrhundert*. Düsseldorf: Droste Verlag, 1979.

41. Holborn, Hajo, A *History of Modern Germany,1840～1945*. Princeton: Princeton University Press, 1982.

42. Hosie, Alexander, *Manchuria: Its People, Resources and Recent History*. London: Methuen & Co., 1901.

43. Hsü, Immanuel C. Y.（徐中約）, *The Ili Crisis: A Study of Sino-Russian Diplomacy, 1871～1881*. Oxford: Oxford University Press, 1965.

44. Hunt, Michael H., *Frontier Defense and the Open Door*. New Haven: Yale University Press, 1973.

45. Hunt, Michael H., *The Making of a Special Relationship: The United States and China to 1914*. New York: Columbia University Press, 1983.

46. Iriye, Akira, *Across the Pacific*. Chicago: Imprint Publications Inc., 1992.

47. Jäckh, Ernst, *Amerika und Wir: Amerikanisch-Deutsches Ideen-Bündnis*. Stuttgart: Deutsche Verlags-Anstalt, 1929.

48. Jonas, Manfred, *The United States and Germany: A Diplomatic History*. Ithaca: Cornell University Press, 1984.

49. Joseph, Philip, *Foreign Diplomacy in China, 1894～1900: A Study in Political and Economic Relations with China*. London: George Allen & Unwin, 1928.

50. Keim, Jeannette, *Forty Years of German-American Political Relations*. Charleston: BiblioLife, 2009.

51. Kelly, John S., *A Forgotten Conference: The Negotiations at Peking, 1900～1902*. Genève: Librairie E. Droz, 1962.

52. Kennan, George F., *American Diplomacy, 1900～1950*. Chicago: The University of Chicago Press, 1953.

53. Kennedy, Paul, *The Rise and Fall of the Great Powers*. NY: Random House, 1987.

54. Kindermann, Gottfried-Karl, *Der Aufstieg Ostasiens in der Weltpolitik, 1840～2000*. Stuttgart: Deutsche Verlags-Anstalt, 2001.

55. Kleinschmidt, Christian, *Technik und Wirtschaft im 19. und 20. Jahrhundert*.

Müchen: R. Oldenbourg, 2007.

56. Krockow, Christian, *Kaiser Wilhelm II und Seine Zeit: Biographie einer Epoche*. Berlin: Siedler, 1999.

57. LaFeber, Walter, *The Cambridge History of American Foreign Relations*. Cambridge : Cambridge University Press, 1993.

58. Langer, William L., *The Diplomacy of Imperialism, 1890～1902*. Cambridge: Harvard University Press, 1956.

59. Latourette, Kenneth Scott, *The History of Early Relations between the United States and China, 1784～1844*. Millwood: Kraus Reprint, 1975.

60. Lee, Kuo-chi（李國祁）, *Die Chinesische Politik zum Einspruch von Shimonoseki und Gegen die Erwerbung der Kiautschou-Bucht: Studien zu den Chinesisch-Deutscheu Beziehungen von 1895 bis 1898*. Münster (Westf.): C. J. Fahle, 1966.

61. Lensen, George A. *The Russo-Chinese War.* Tallahassee: The Diplomatic Press, 1967.

62. Lensen, George A., *Korea and Manchuria between Russia and Japan, 1895 ～1904*. Tallahassee: The Diplomatic Press, 1968.

63. Leusser, Hermann, *Ein Jahrzehnt Deutsch-Amerikanischer Politik, 1897～ 1906*. München; Berlin: R. Oldenbourg, 1928.

64. Liu, Ta Jen, *A History of Sino-American Official Relations 1840～ 1990*. Taipei: Chinese Culture University Press, 1992.

65. Mahan, Alfred Thayer, *The Problem of Asia: Its Effect upon International Politics*. New Brunswick: Transaction Publishers, 2003.

66. Martin, W. A. P., *The Siege in Peking: China against the World*. New York: Fleming H. Revell Company, 1900.

67. May, Ernest R., and James C. Thomson Jr, *American-East Asian Relations : A survey*. Cambridge: Harvard University Press, 1972.

68. McCartney, Paul T., *Power and Progress: American National Identity, the War of 1898, and the Rise of American Imperialism*. Baton Rouge: Louisiana State University Press, c2006.

69. McCormick, Thomas J., *China Market: America's Quest for Informal Empire, 1893～1901*. Chicago: I.R. Dee, 1990.

70. McCoy, Alfred W., and Francisco A. Scarano, *Colonial Crucible: Empire in the Making of the Modern American State*. Madison: University of Wisconsin Press, 2009.

71. Morse, Hosea B., *The International Relations of the Chinese Empire*. Taipei: Ch'eng Wen Publishing Company, reprinted in 1971.

72. Morse, Hosea B., and Harley F. McNair, *Far Eastern International Relations.*

New York: Houghton Mifflin, 1931.

73. Moss, Dennis K., *Britons v. Germans in China*. Hong Kong: Hong Kong Daily Press, 1917.

74. Mühlhahn, Klaus, *Herrschaft und Widerstand in der "Musterkolonie" Kiautschou: Interaktionen zwischen China und Deutschland 1897～1914*. München: Oldenbourg, 2000.

75. Nish, Ian, *Japanese Foreign Policy: 1869～1942*. New York: Routlege, 1977.

76. O'Connor, Brendon, *American Foreign Policy Traditions*. London: Sage Publications Ltd, 2010.

77. Paine, S.C.M., *The Sino-Japanese War of 1894～1895: Perceptions, Power, and Primacy*. New York: Cambridge University Press, 2002.

78. Pan, Stephen Chao-Ying, *American Diplomacy Concerning Manchuria*. Washington: 1938.

79. Paterson, Thomas G. and Stephen G. Rabe (eds), *Imperial Surge: the United States abroad, the 1890s--early 1900s*. Lexington: D. C. Heath and Company, 1992.

80. Perkins, Bradford, *The Cambridge History of American Foreign Relations*. Cambridge: Cambridge University Press, 1993.

81. Pleticha, Heinrich, *Deutsche*. Gütersloh: Lexikothek, 1987.

82. Pröve, Ralf, *Militär, Staat und Gesellschaft im 19. Jahrhundert*. Müchen: R. Oldenbourg, 2006.

83. Richthofen, Ferdinand, *Schantung und Seine Eingangspforte*. Berlin: Verlag Classic Edition, reprinted in 2010.

84. Romanov, B. A., translated by Susan Wilbur Jones, *Russia in Manchuria: 1892～1906*. Ann Arbor: Edwards Brothers Inc., 1952.

85. Ryden, George Herbert, *The Foreign Policy of the United States in Relation to Samoa*. New Haven: Yale University Press, 1933.

86. Savage-Landor, A. Henry, *China and the Allies*. London: William Heinemann, 1901.

87. Schmidt, Vera, *Aufgabe und Einfluss der europäischen Berater in China: Gustav Detring (1842～1913) im Dienste Li Hung-changs*. Wiesbaden: Harrassowitz, 1984.

88. Schoonover, Thomas David, *Uncle Sam's War of 1898 and the Origins of Globalization*. Lexington: University Press of Kentucky, 2003.

89. Schrecker, John E, *Imperialism and Chinese Nationalism: Germany in Shantung*. Cambridge, Mass.: Harvard University Press, 1971.

90. Shutaro, Tomimas, *The Open-Door Policy and the Territorial Integrity of China*. Arlington, Va.: University Publications of America, 1976.

91. Smith, Arthur H., *China in Convulsion*. London: Oliphant, Anderson & Ferrier, 1901.

92. Spang, Christian W., and Rolf-Harald Wippich, *Japanese-German Relations, 1895～1945: War, Diplomacy and Public Opinion*. New York: Routledge, 2006.

93. Steiger, George Nye, *China and the Occident: The Origin and Development of the Boxer Movement*. New Haven: Yale University Press, 1927.

94. Steiger, George Nye, *A History of the Far East*. NY: Ginn and Company, 1936.

95. Steinmetz, George, *The Devil's Handwriting: Precoloniality and the German Colonial State in Qingdao, Samoa, and Southwest Africa*. Chicago: University of Chicago Press, 2007.

96. Steltzer, Hans G., *Die Deutschen und Ihr Kolonialreich*. Frankfurt: Societäts-Verlag, 1984.

97. Stuart, Graham B., *The Department of State: A History of Its Organization, Procedure, and Personnel*. New York: Macmillan Co., 1949.

98. Swisher, Earl, *China's Management of the American Barbarians: A Study of Sino-American Relations, 1841～1861, with Documents*. New Haven: Far Eastern Publications, 1951.

99. Tan, Chester C, *The Boxer Catastrophe*. New York: Octagon Books, 1967, 1975.

100. Thomson, David, *Europe since Napoleon*. NY: Alfred A. Knopf, 1965.

101. Thomson, H. C., *China and the Powers: A Narrative of the outbreak of 1900*. Westport: Hyperion Press, 1981.

102. Tong, Te-kong, *United States Diplomacy in China, 1844～60*. Seattle: University of Washington Press, 1964.

103. Treat, Payson Jackson, *Diplomatic Relations between the United States and Japan*. Gloucester: P. Smith, 1963.

104. Vagts, Alfred, *Deutschland und die Vereinigten Staaten in der Weltpolitik*. New York: Macmillan, 1935.

105. Varg, Paul A, *Open Door Diplomat: The Life of W. W. Rockhill*. Urbana: University of Illinois Press, 1952.

106. Wippich, Rolf-Harald, *Japan und die Deutsche Fernostpolitik, 1894～1898: vom Ausbruch des Chinesisch-Japanischen Krieges bis zur Besetzung der Kiautschou-Bucht: ein Beitrag zur Wilhelminischen Weltpolitik*. Stuttgar: F. Steiner, 1987.

107. Witte, Emil, *Revelations of a German Attaché: Ten Years of German-American Diplomacy*. Charleston, S.C.: BiblioLife, 2009.

108. Vladimir, *The China-Japan War*. New York: Charles Scribner's Sons, 1896.

109. Yarmolinsky, Abraham, *The Memoirs of Count Witte*. Garden City: Doubleday, Page & Company, 1921.

110. Young Ick Lew, *Early Korean Encounters with the United States and Japan*.

Seoul: The Royal Asiatic Society Korea Branch.

111. Young, L. K. *British Policy in China*. Oxford : Clarendon, 1970.

112. Zabriskie, Edward H., *American-Russian Rivalry in the Far East*. London: Oxford University Press, 1946.

## （四）西文論文

1. Asada, Shinji, "Colonizing Kiaochow Bay: From the Perspective of German-Japanese Relations," in Kudō Akira, Tajima Nobuo, and Erich Pauer (eds), *Japan and Germany: Two Latecomers to the World Stage, 1890～1945.* Folkestone: Global Oriental, 2009.

2. Ide, Henry C., "Our Interest in Samoa," in *The North American Review*, v. 165, no. 489, Aug. 1897, pp. 155～173.

3. Ide, Henry C., "The Inbroglio in Samoa,"in *The North American Review*, v. 168, no. 511, Jun. 1899, pp. 679～693.

4. Kennedy, Paul, "The Rise of the United States to Great-Power Status," in Thomas G. Paterson and Stephen G. Rabe (eds), Imperial Surge: *the United States abroad, the 1890s--early 1900s.* Lexington: D. C. Heath and Company, 1992.

5. LaFeber, Walter, "The Evolution of the Monroe from Monroe to Reagan," in Brendon O'Connor, *American Foreign Policy Traditions*. London: Sage, 2010.

6. Moltmann, Günter, "Isolation oder Intervention: Ein Prinzipienkonflikt amerikanischer Europapolitik im 19. Jahrhundert," *Historische Zeitschrift*, V. 208, Feb. 1969, pp. 24～51.

7. Moltmann, Günter, "Migrations from Germany to North America: New Perspectives," *in Reviews in American History*, v. 14, no. 4, Dec., 1986, pp. 580～596.

8. Saaler, Sven "The Imperial Japanese Army and Germany," in Christian W. Spang and Rolf-Harald Wippich, *Japanese-German Relations, 1895～1945: War, Diplomacy and Public Opinion*. New York: Routledge, 2006.

9. Shippee, Lester B., "Germany and the Spanish-American War," *in The American Historical Review*, v. 30, no. 4, Jul., 1925, pp. 754～777..

10. Silberschmidt, Max, "Die Vereinigten Staaten von Amerika-die Grossmacht zwischen Europa und Asien," *Historische Zeitschrift*, V. 187, Jun. 1958, pp. 594～614.

11. Sietz, Henning "In New York wird die größte Panik ausbrechen: Wie Kaiser Wilhelm II. die USA mit einem Militärschlag niederzwingen wollte," *Zeit*, May 8, 2002.

12. Treat, Payson J., "The Good Offices of the United States," in *Political Science Quarterly*, v. 47, no. 4, Dec. 1932, pp. 547～575.